한뼘
한자

한뼘 한자

초판 1쇄 발행 2023년 11월 15일

엮은이 편집부 / **펴낸곳** 아이디어스토리지 / **펴낸이** 배충현
출판등록 2016년 10월 14일(제 2016-000203호)
전화 (031)970-9102 / 팩스 (031)970-9103
이메일 ideastorage@naver.com

ISBN 979-11-974309-5-4 (12190)

한뼘
한자

곁에 두고 익숙하게 …

　무엇이든 익숙하게 하는 가장 효과적인 방법은 '반복'이라 할 수 있다. 새로운 학문이든, 기술이든, 또는 사람과의 관계 역시 수차례 반복되는 경험이나 학습을 통해 익숙해진다.

　한자 역시 마찬가지다. 우리말의 어원이 기반하고 있는 만큼 한자를 외면하면 대화나 문장을 구사하거나 이해하는데 어려움을 겪을 수 밖에 없다. 따라서 한자를 익숙하게 익히는 것은 글을 쓰거나 대화를 풍부하고 수준 높게 구사하는데 효과적인 능력이 될 수 있다.

　특히 학교 등에서 한자 교육 비중이 과거와 달리 줄어들면서, 요즘 세대들이 한자를 익히는 기회가 부족한 것이 현실이다. 이같은 현실은 바로 상대방이 이해하기 어려운 문장을 구사하거나 대화에서 자신의 머릿속 생각을 풍부하게 표현하지 못하는 이유가 될 수 있다.

이 책은 바로 '한자'를 익숙하게 익히는데 부담없이 반복할 수 있는 효과적인 도구가 될 수 있다.

우리 일상에서 익숙하게 들어 온 한자성어 200여개를 선별해, 각각 한 장으로 핵심 내용을 축약했다. 따라서 이 책을 가까이 두고 어느 부분이든 펼쳐서 한 장 정도의 내용을 반복적으로 가볍게 읽다보면 어느새 한자가 익숙해지고, 고사성어나 동양고전에 대한 상식도 키울 수 있을 것이다.

부디 이 책을 만나게 될 독자들이 좀 더 한자와 친해지고, 나아가 일상에서 대화를 하거나 글을 쓰고 읽을 때 풍부한 표현과 이해력을 높이는데 작은 도움이 될 수 있기 바란다.

_편집자 주

차 례

二部

상식과 교양

三部

대화의 양념

四部

지식의 함축

五部

경험의 통찰

一部

삶의 지혜

겉으로는 부드럽지만
속마음은 강직하다

성격이 겉으로 보기에는 순하고 부드리운 것 같으나 속으로는 곧고 강직함을 이르는 고사성어.

사람의 성격을 말할 때 많이 쓰는 표현으로 겉보기에 부드럽고 마음도 인자하게 보이지만 속마음은 의외로 강단이 있어 자기 고집대로 일을 처리하는 사람을 일컫는다.

이와 반대의 경우 내유외강(內柔外剛)이라는 말도 비슷하게 사용되고 있음을 볼 수 있다.

外	柔	内	剛
외	유	내	강

外 바깥 외, 겉 외   **柔** 부드러울 유, 편안히 할 유

内 안 내, 들일 내   **剛** 굳셀 강, 억셀 강

하늘은 높고
말은 살찐다

가을은 날씨가 매우 좋은 계절임을 형용하여 이르거나 활동하기 좋은 계절임을 일컫는 사자성어. 좋은 날씨와 여름내 땀 흘린 결실의 기쁨 등 좋은 의미로써의 가을이라는 계절을 돋보이게 하는 말이다.

한편으로 중국 한서(漢書) 흉노전(匈奴傳)에 의하면 중국 북방의 유목민족인 흉노족이 활동하기가 가장 좋은 계절이라는 뜻을 가지고 있다고도 한다. 중국인들은 하늘이 높고 말이 살찌는 계절인 가을만 되면 '언제 또 흉노의 침입이 있을까' 걱정하는데서 나온 고사성어라고도 알려져 있다.

天	高	馬	肥
천	고	마	비

天 하늘 천, 임금 천   高 높을 고, 높은자리 고

馬 말 마, 산가지 마   肥 살질 비, 기름지게할 비

닭의 무리 속에 한 마리 학이 있어 돋보임

닭의 무리 속에 있는 한 마리의 학이라는 뜻으로 평범한 사람들 가운데 유별나게 돋보이는 뛰어난 사람을 이른다. '혜소전'이라는 중국 고전에서 나온 말이다. 임금에게 벼슬을 받으러 대궐로 향해 의젓하게 걸어가는 혜소의 모습을 본 그 아버지 혜강의 친구가 "혜소는 생김새가 수려하고 자세 또한 의젓하여 마치 많은 닭의 무리 속으로 한 마리의 학이 내려 앉은 것 같다"고 한데서 유래된 말이라고 전해진다.

요즘에는 여러 평범한 사람들 가운데 눈에 띄게 뛰어난 한 사람이 섞여 있음을 이르는 말로 쓰이고 있다.

群 鷄 一 鶴
군 계 일 학

群 무리 군, 떼질 군   **鷄** 닭 계, 베짱이 계
一 한 일, 하나로할 일   **鶴** 두루미 학, 힐 학

남자 나이 스무살로
어른이 되었음

　남자 나이 스무 살(20세)을 일컫는 말로 약하지만 어른으로써 갓을 쓰는 나이가 되었음을 이르는 말이다. 남자가 스무 살이 되면 옛날에도 성년으로 인정하여 갓을 쓰고 이때부터 명실상부하게 성인(成人)으로써의 대접을 받은 것이다.

　요즘에는 20대의 젊은 나이에 사회적으로 두각을 나타낼 정도로 이름을 떨치게 되는 남자에게 이 말을 붙여 칭찬이나 격려함이 돋보이게 하는 경향이 있다.

弱	冠
약	관

弱 약할 약, 젊을 약　　　**冠** 모자 관, 갓 관

가난하다고
행동까지 궁색할까

    가난하고 궁색히면서도 그것에 구애 받지 않고 편안한 마음으로 성인의 도(道)를 즐기는 것을 비유하는 말이다.

    여기서 가난이란 '물질적 가난'이라는 개념보다 '정신적인 생각의 메마름'을 뜻하는 쪽으로 풀이됨이 뜻하는 바가 더욱 크지 않을까 생각해 본다.

安	貧	樂	道
안	빈	낙	도

安 편안할 안, 안존할 안   **貧** 가난할 빈, 모자랄 빈

樂 풍류 악, 즐길 락   **道** 길 도, 다스릴 도

대나무 숲 속의 일곱 현인

   중국 진(晉)나라 초기에 정권을 잡은 사마(司馬)씨 일파가 조정의 권력을 제멋대로 휘두르고 있었다. 이때 노자(老子) 장자(莊子)의 무위(無爲) 사상을 숭상하여 죽림(대나무 숲)에 모여서 세속에 물들지 않은 청담(맑은 얘기)을 나누며 은둔 생활을 하던 7명의 선비를 일컫는 말이다.

   7명의 선비는 완적(阮籍), 혜강(嵇康), 산도(山濤), 유령(劉伶), 향수(向秀), 완함(阮咸), 왕융(王戎) 등이다. 이들로 부터 세상의 어지러운 변화에 휩쓸리지 않고 자연에 묻혀 자유롭게 살면서 자신만의 깨끗한 덕성을 지키려는 풍조가 일어난 것으로 전해진다.

竹	林	七	賢
죽	림	칠	현

竹 대죽, 대쪽 죽   林 수풀 림, 많을 림

七 일곱 칠, 일곱 번 칠   賢 어질 현, 어진사람 현

경치나 문장,
사건이 갈수록 재미있게 전개 됨

어떤 일의 상황이 갈수록 재미있게 전개되거나 경지가 점점 더 아름다운 경지로 들어가는 것을 표현하는 사자성어.

학생들이 공부를 하거나 운동선수가 어떤 종목의 운동을 할 때 처음 시작했을 때보다 점점 더 나아지는 경우에도 우리는 보통 이 말로 비유하여 칭송해주게 된다.

어떤 일의 결과가 처음보다 더 나아지고 좋아져서 기쁨과 보람을 느낄 수 있는 긍정적 표현이라 할 수 있다. 하지만 반대의 개념도 있다.

漸　入　佳　境
점　　입　　가　　경

漸 차차 점, 나아질 점　　　入 들 입, 들일 입
佳 아름다울 가, 좋을 가　　境 지경 경, 마칠 경

늙은 말이 갖는
지혜

사람은 물론 하찮은 짐승도 각자 그 나름대로의 지혜와 슬기를 하나쯤은 가지고 있다는 의미의 고사성어.

중국 춘추시대 제나라 환공이 추운 겨울 전투에서 고전하다 귀국을 서둘렀는데 길을 찾지 못해 우왕좌왕하는 상황에 놓이게 됐다. 이때 재상 관중이 풀어놓은 늙은 말을 뒤 쫓아 어려운 길을 헤쳐 나갔다는 데에서 유래한 말이다.

이 얘기는 한비자(韓非子)에 "관중은 늙은 말을 스승 삼아 배웠고, 그것을 부끄럽게 여기지 않았다"는 내용으로 적혀 있어 후세에 많은 교훈을 주고 있다.

老	馬	之	智
노	마	지	지

老 늙을 노(로), 늙은이 노(로)   **馬** 말 마, 아지랑이 마

之 갈 지, 어조사 지   **智** 슬기 지, 지혜 지

아무 것도 아닌,
극히 하찮은 것

'아홉 마리 소의 터럭 가운데, 터럭 한 개'를 비유하
는 말이다. 많은 것 가운데 아주 적은 것처럼 아무것
도 아닌, 있으나마나 할 정도로 하찮은 것을 뜻하는
고사성어다.

사마천은 49세의 나이에 자신의 성기를 자르는 '궁
형'을 자청해 죽음을 면하고 살아남아 사기(史記)와 같
은 불후의 명작을 남기게 됐다.

사마천이·수모와 치욕 속에서 그의 친구에게 장문의
편지를 보내며 자신의 참담한 심경을 전했다. 그 편지
내용 중 나오는 말이다.

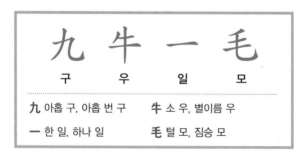

九	牛	一	毛
구	우	일	모

九 아홉 구, 아홉 번 구   **牛** 소 우, 별이름 우

一 한 일, 하나 일   **毛** 털 모, 짐승 모

진흙 밭에서 개싸움

'진흙 밭에서 싸우는 개라는 뜻'이다. 원래는 강인한 함경도 사람을 평한 말이었다. 지금은 명분이 서지 않는 일로 서로 사우거나 체면을 돌보지 않고 이익을 다투는 것을 비유하는 말로 사용되고 있다.

泥	田	鬪	狗
이	전	투	구

泥 진흙 니, 진창 니　　田 밭 전, 사냥할 전

鬪 싸울 투, 다툴 투　　狗 개 구, 강아지 구

입에서 젖 냄새가 날 정도로
어린 말과 행동

말이나 하는 짓이 아직 어림을 뜻하는 고사성어. 입에서 아직 젖내가 나는 어린애처럼 하는 말과 행동이 어리석고 형편없음을 나타내는 말이다.

한왕(漢王) 유방(劉邦)은 한신(韓信)을 대장군으로 임명하여 힘을 축적하고 있었지만 항우의 공격에 대패한다. 이때 위왕(魏王) 표(豹)가 곤경에 처한 유방을 배반하고 항우와 화친을 맺으며 "오만하고 신하들을 노비 부리 듯하는 유방과 함께 하기를 원하지 않는다"고 했다. 즉 "이자는 입에서 아직 젖내가 나서 한신을 당해 낼 수가 없을 것"이라고 말 한데서 전해지는 사자성어.

口	尚	乳	臭
구	상	유	취

口 입구, 아가리 구   尚 오히려 상, 더할 상

乳 젖 유, 젖먹일 유   臭 냄새 취, 냄새 날 취

매우 위태로운 처지,
오래 견디지 못할 상태

'바람 앞에 있는 등불'이라는 뜻. 바람이 불면 언제 꺼질지 모르는 등불처럼 매우 위급한 상황을 비유하는 말이다.

사람이나 나라의 운명이 어떻게 될지 모를 정도로 매우 급박한 처지에 있음을 표현하기도 한다. 일본의 침략행위가 극성하던 우리나라 구한말 때도 이 한자성어로 표현하기도 했다.

風	前	燈	火
풍	전	등	화

風 바람 풍, 바람불 풍　　前 앞 전, 나갈 전
燈 불 , 촛불　　火 불 화, 불날 화

달걀을 쌓아 놓은 것 같이
형세가 몹시 위태롭다

'층층이 쌓아놓은 계란과 같은 형세'라는 뜻으로 몹시 위태로운 상황을 비유적으로 이르는 말이다.

중국 전국(戰國)시대 진(秦)나라의 신하 '왕계'가 왕에게 "위(魏)나라의 장록(張祿) 선생은 천하에 뛰어난 사람인데 그는 진나라의 정세를 지금 계란을 쌓아 놓은 것보다 더 위태하다고 보고 있으니 그를 받아들여 기용한다면 진나라는 평안을 유지할 것입니다"라고 말 한데서 유래되었다고 전해오는 고사성어이다. 이처럼 이 말은 개인적인 사사로움보다는 주로 국가의 운명을 걱정하는데서 비유적으로 사용된다.

累	卵	之	勢
누	란	지	세

累 쌓을 누, 포갤 루   卵 알 란, 클 란
之 어조사 지, 갈 지   勢 형편 세, 형세 세

아무 속박 없이
자유롭고 여유롭게 생활하는 모습

복잡한 현실 속 세상일에 얽매이거나 어떠한 속박도 받지 않고 자기 마음대로 자유로우며 마음 편하게 살아감을 이르는 말이다.

누구나 이와 같은 속박에 매이지 않고 자유로우며 편안하게 자기하고 싶은 대로 빗장을 풀고 지내고 싶어 한다. 하지만 그렇게 여유가 있고 아무 걱정 없이 한가로운 여건을 갖추기가 쉽지 않은 일이다.

나름대로 내면적 생활의 질서를 지키며 외부적 간섭 없이 내 스스로 목적하고 원하는 대로 다른 고민할 것 없이 물 흐르듯 자연스럽게 살아간다면 좋을 것이다.

悠 悠 自 適
유   유   자   적

悠 멀 유, 한가할 유   自 스스로 자, 몸 자
適 맞을 적, 갈 적, 고를 적

복이 화가 되고,
화가 복이 될 수 있다

중국 국경지방에 살던 노인의 아들이 말을 타다가 떨어져 다리가 부러지는 일이 생겼다. 이에 마을사람들이 다시 위로하자 노인은 이 또한 복이 되는 일이 될지도 모른다며 대수롭게 생각지 않았다. 얼마 후 북방 오랑캐가 침략해 오자 나라에서 젊은이들을 불러 모아 싸움터로 내보내려 했다. 그런데 노인의 아들은 다리가 부러져 전장에 나가지 않아도 되었다. 이처럼 인생사(人生事)의 모든 일은 변화가 많아서 당장 눈앞에 벌어지는 일 때문에 너무 연연하지 말라는 뜻에서 사용되는 고사성어다.

塞	翁	之	馬
새	옹	지	마

塞 변방 새, 요새 새   翁 늙은이 옹, 아버지 옹

之 갈 지, 어조사 지   馬 말 마, 아지랑이 마

여럿 남자들 사이에
여자 한 명

여럿 가운데 오직 하나가 다른 모습을 띠고 있는 것을 뜻하는 말. 푸른 잎 사이로 한송이 빨간 꽃이 피어 있다든가 또는 많은 남자들 중에 끼어있는 하나뿐인 여자 등을 비유해서 돋보이게 하는 말로 쓰인다.

중국 남송(南宋)시대 정치인 '왕안석'이 읊은 '만록총중 홍일점(萬綠叢中 紅一點)'이라는 시에서 유래된 말로 '초여름 푸른 숲 한가운데 붉은 꽃을 피워서 눈에 띈다'는 뜻이다. 현재는 많은 남성들 사이에 여성이 딱 한명 있다는 뜻으로 정착되어 사용하고 있음을 볼 수 있다.

紅	一	點
홍	일	점

紅 붉을 홍, 붉은 빛 홍 　　一 한 일, 하나 일

點 점 점, 가리킬 점

사자의
큰 울음소리

부처님의 설법에 모든 악마가 굴복하여 부처님에게로 귀의한다는 뜻. '크게 부르짖어 열변을 토한다'는 의미로 사용된다.

원래는 불교에서 나온 말로 큰 사자가 소리쳐 울면 작은 사자는 용기를 내고 기타 모든 짐승들은 도망쳐 숨어 버리는 것과 같이 사자의 울음소리가 그 만큼 듣는 모든 동물에게 큰 무서움으로 느껴짐을 비유해서 석가모니 부처님의 설법이 인간에게 미치는 영향의 지대함을 나타내는 말이다.

獅　子　吼

사　　자　　후

獅 사자 사　　　　　子 아들 자, 장부 자

吼 울 후, 사자우는 소리 후

어떤 분야에 전문적인 지식이나 조예가 전혀 없는 사람

　문밖에 있는 사람은 문 안에서 일어나는 일을 알 수 없듯이, 어떤 일에 전문가가 아닌 사람 또는 그 일과 직접 관계가 없는 사람을 지칭하는 말이다.

　문(門)은 부문, 분야, 전문 등을 뜻한다. 따라서 이 말은 '아직 문 안으로 들어오지 못하고 문밖에 있는 상태'로, '문 안에서 일어나는 일에 대해 제대로 알고 있지 못하는 사람'을 가리키는 말로 불가(佛家)에서 유래되었다고 한다. 지금은 의미가 확대되어 어떤 일에 대하여 전문적인 지식이나 기술이 없는 사람이라는 의미로 사용되고 있다.

門 外 漢
문　　외　　한

門 문 문, 집 문　　　　**外** 밖 외, 외댈 외

漢 한나라 한, 사내 한

비슷한 무리끼리
서로 모인다

같은 무리끼리 서로 왕래하며 사귄다는 뜻이다. 중국 고전 주역(周易) 계사전(繫辭傳)에 "삼라만상(森羅萬象)은 그 성질이 유사(類似)한 것 끼리 모이고 만물은 무리를 지어 나누어진다"는 말이 나온다.

중국 춘추전국시대 때 제(齊)나라의 선왕(宣王)이 신하 '선우곤'에게 각 지방에 있는 인재를 찾아 등용 시키도록 하였다.

얼마 후 일곱 명의 인재를 데리고 온 선우곤이 "같은 종류의 새가 무리지어 살 듯 인재도 끼리끼리 모입니다"라고 대답한데서 유래되었다고 전해진다.

類	類	相	從
유	유	상	종

類 무리 류(유), 같을 류(유)　**相** 서로 상, 도울 상

從 쫓을 종, 따를 종

처지나 생각이 비슷한
사람끼리 만나다

풀색과 녹색은 같은 색이라는 뜻으로 비슷한 처지에
있는 사람들끼리 어울리기 마련이라는 것을 비유하는
말이다.

명칭은 다르나 '따지면 한 가지'라는 말로 우리 속담
에 흔히 쓰는 '가재는 게 편'이라는 말과 같은 의미를
지닌다고 할 수 있다.

草	綠	同	色
초	록	동	색

草 풀 초, 풀벨 초　　　綠 푸를 록, 초록 빛 록
同 한가지 동, 같이 할 동　色 빛 색, 낯 색

나라를 기울게 할 정도로
빼어난 미모의 여인

 이 말의 유래는 다양하지만 대체로 한서(漢書) 이부인
전(李婦人傳)에 의하면 한무제(漢武帝) 곁에 이연년(李延年)
이라는 악사(樂士)가 있었다. 그가 자신의 여동생을 황
제에게 바치고자 황제 앞에서 노래를 지어 부르면서,
그 노래 속에 '재고경인국'(再顧傾人國: 두 번 눈길을 주면 나라를
위태롭게 할 정도)이라는 노랫말을 쓴데서 유래되었다고 전
해진다.

傾 國 之 色
경   국   지   색

傾 기울 경, 기울일 경   國 나라 국, 나라세울 국
之 갈 지, 어조사 지   色 빛 색, 낯 색

스스로의 힘으로
큰 성공을 이루는 것

자기 힘으로 한 살림을 이루고 재산을 모으는 것을 이르는 사자성어이다. 부모나 형제 등 남들의 도움 없이 혼자만의 힘으로 집안을 일으켜 세우거나 큰 성과를 이루는 것을 가리킨다. 그러나 이러한 일은 옛날이나 지금이나 말은 쉬워도 실제로는 생각보다 굉장히 어려운 일이다. 때문에 특별하게 그런 사람들을 표현하는 사자성어가 생겼다고 할 수 있을 것이다.

요즘 우리 일상에서 자주 쓰는 표현으로 말하자면 '흙수저로 태어나 큰 성과를 이루는 사람' 또는 '입지전적인 인물'이라고 할 수도 있겠다.

自	手	成	家
자	수	성	가

自 몸 자, 스스로 자　　**手** 손 수, 칠 수
成 이룰 성, 이루어질 성　　**家** 집 가, 살 가

사람이 지켜야 할 세 가지 강령과 다섯 가지 도리

'삼강'은 군위신강(君爲臣綱)으로 임금과 신하, 부위자강(父爲子綱)으로 어버이와 자식, 부위부강(夫爲婦綱)으로 남편과 아내 사이에 지켜야 할 도리(道理)를 말한다.

'오륜(五倫)'은 오상(五常)과 동의어로 자녀는 부모에게 존경과 섬김을 다하는 부자유친(父子有親), 임금과 신하의 도리는 의리가 있어야 한다는 군신유의(君臣有義), 남편과 아내는 분별 있게 서로가 본분을 지켜야 되는 부부유별(夫婦有別), 어른과 아이는 서로 차례와 질서가 지켜져야 한다는 장유유서(長幼有序), 그리고 친구사이에는 신의가 있어야 하는 붕우유신(朋友有信)을 일컫는다.

三	綱	五	倫
삼	강	오	륜

三 석 삼, 세 번째 삼	綱 벼리 강, 대강 강
五 다섯 오, 다섯 번 오	倫 인륜 륜, 가릴 륜

종잡을 수 없이 덤벙대고
몹시 급하게 허둥거리는 모습

　하찮은 사람이 종잡을 수 없이 덤벙댄다는 뜻으로 '하늘의 한 부분'을 가리키는 말과 '대지의 중심'을 일컫는 말이다. 따라서 이 말은 하늘의 한 모서리와 땅 속을 '왔다갔다'하면서 '갈팡지팡'하고 허둥지둥 대는 모습을 가리키는 말로 쓰여지나 요즘에 와서는 '남의 말을 듣지 않고 이리저리 날뛰면서 어쩔 줄 모르고 무작정 덤벼들거나 성급하게 서둘러대는 모양'을 비유해서 표현하는 말로 쓰이기도 한다.

天	方	地	軸
천	방	지	축

天 하늘 천, 임금 천　　**方** 모 방, 모질 방

地 땅 지, 지위 지　　**軸** 굴대 축, 자리 축

품행이 정숙하고
아름다운 기품이 있는 여자

마음씨가 고요하며 자태(姿態)가 아름답고 고운 여자
로 현대적인 의미로는 남 앞에 잘 나서지 않고 집안
살림을 잘하는 여자로 풀이되는 말이다.

이 말은 중국 고전(古典)인 시경(詩經) 관저(關睢)편에 나
오는데 요약하면 정숙하고 얌전한 여자를 비유해서
표현한 말이라고 할 수 있다.

窈　窕　淑　女
요　　조　　숙　　녀

窈 고요할 요, 깊을 요　　　窕 으늑할 조, 정숙할 조

淑 맑을 숙, 조용할 숙　　　女 여자 녀(여), 딸 녀

아주 적은 양이거나
하찮은 일

글자 그대로 보면 '새발의 피'라는 말이다. 원래 새(주로 참새 정도가 연상 됨)라는 짐승이 아주 작은데다 그 작은 새의 발이니 더욱 작게 느껴진다.

우리가 일상생활에서 흔히 쓰는 예로 '내가 갖고 있는 고민은 엄마의 고민에 비해 새발의 피에 불과하다'든가 '우리 같은 말단 직원의 월급은 임원진에 비하면 그저 새발의 피 정도 밖에 안 될 것이다' 등으로 아주 작거나 적은 의미를 나타내는 한자성어이다.

鳥	足	之	血
조	족	지	혈

鳥 새 조, 날짐승 조　　　足 발 족, 만족할 족

之 갈 지, 어조사 지　　　血 피 혈, 피칠 할 혈

마음이 어진 사람에게는
적이 없다

어질게 사는 사람. 즉 인(仁)을 실천하는 사람에게는
누구도 대적할 자가 없다는 고사성어이다. 성인(聖人)
공자(孔子)는 어진(仁) 것을 인간세계의 참된 진리이자
갖춰야 할 가장 큰 덕목으로 여겼다.

마음이 어진 사람은 어떤 상황에서도 정직하고 탐욕
이 없으며 옳고 그름을 분명히 한다. 또한 언제나 올
바른 선택으로 형평성에 어긋나는 일은 멀리하며 자
신의 유익함을 위해 남을 곤경에 빠뜨리는 일을 하지
않는다.

仁	者	無	敵
인	자	무	적

仁 어질 인, 사랑할 인　　者 놈 자, 사람 자

無 없을 무, 아닐 무　　敵 원수 적, 겨룰 적

걱정과 근심으로
속을 태우며 불안해하다

어떤 일에 대한 걱정과 근심으로 매우 불안한 상태에 이르게 됨을 나타내는 말이다.

중국 사마천(司馬遷)의 사기(史記) 중 하본기(夏本紀)에 하(夏)나라의 우(禹) 임금에 대하여 "우(禹)는 선친(先親) 곤(鯀)이 공을 이루지 못하고 죽임을 당한 것이 마음 아파늘 'OOOO'하면서 13년을 밖에서 지내지만 자기 집 대문 앞을 지나면서도 감히 들어가지 못했다"는 대목이 있다.

여기에서 이 말이 유래되었다고 전해온다.

勞	心	焦	思
노	심	초	사

勞 근심 노(로), 힘쓸 노 **心** 마음 심, 가슴 심
焦 애태울 초, 그슬릴 초 **思** 생각 사, 생각할 사

세상과 인연을 끊고
외부 활동하지 않는다

위화도 회군(威化島 回軍) 후 이성계가 실제로 정권을 잡고 왕이 되자 기존의 고려 신하들은 조정을 떠났다. 그중에서 72명의 신하들이 개성의 두문동에 숨어들어 아무리 설득해도 나오지 않자 이성계는 두문동에 불을 놓아 그들을 나오게 하려 했다. 하지만 모두들 나오지 않고 불에 타 죽기를 불사(不辭)했다고 전해오는데 이 일을 계기로 어느 곳에 한번 들어갔다 다시는 바깥 세상에 나오지 않으면 이 고사성어를 사용하게 되었다고 한다.

杜 門 不 出
두　　문　　불　　출

杜 막을 두, 나무 두　　**門** 문 문, 집 문

不 아니 불, 아니할 부(불)　　**出** 나아갈 출, 나올 출

등잔 밑이
어둡다

    가까이 있는 것이 오히려 알아보기 어렵다거나 남의 일은 잘 알면서 자기 자신의 일을 잘 모르고 있다는 뜻의 사자성어이다. 동언해(東言解)라는 한문 속담집에서 비롯되었다고 전해온다.

    '등잔 밑이 어둡다'는 말을 한자로 표현하면 바로 이 사자성어가 된다. 이 말은 가까운 사람의 실속을 잘 모르고 있음을 비유한 말이다. 잘 아는 사이라고 생각했는데 도리어 그 사람에게 배신을 당하거나 실망하였을 때 쓸 수 있는 말이라고 보아야 할 것이다.

燈	下	不	明
등	하	불	명

燈 잔 불   **下** 아래 하, 낮을 하

不 아니 불, 아니할 부(불)   **明** 밝을 명, 밝힐 명

밥은 동쪽집에서 먹고 잠은 서쪽집에서 잔다

중국 제(齊)나라에 한 여인이 두 집에서 청혼을 받았다. 그 부모가 딸에게 동쪽집으로 시집을 가고 싶으면 왼쪽 소매를, 서쪽집으로 시집가고 싶으면 오른쪽 소매를 걷어 보라고 하자 딸은 양쪽 소매를 다 걷었다.

동쪽 집 아들은 못 생겼으나 부잣집이었고 서쪽집 아들은 잘생긴 미남이었지만 집안이 가난했는데 딸로써는 양쪽집을 다 놓치고 싶지 않은 욕심에서 나온 결과로 볼 수 있다. 이렇듯 일정한 지조나 소신이 없음을 지적하는 말이라고 할 수 있다.

東家食西家宿
동 가 식 서 가 숙

東 동녘 동, 봄 동 **家** 집 가, 남편 가 **食** 밥 식, 먹을 식
西 서녘 서, 서양 서 **宿** 잠잘 숙, 묵을 숙

간사스럽고 사특한
마음이 없다

'생각이 바르므로 간사하고 악독한 마음이 없다'는 의미를 가진 말이다. 즉 생각에 사특(邪慝)함이 없다는 뜻으로 사상이 순수하고 나쁜 뜻이 없음을 이르는 말이다.

논어(論語) 위정(爲政) 편에서 "시경 삼백편은 한 마디로 사특함이 없다(詩三百 一言而蔽之曰 思無邪)"라고 한데서 유래된 말이다.

간사한 생각이 없다면 그 사람은 분명 어진 사람일 것으로 본다는 것이 공자의 말씀이다.

思 無 邪
사　　　무　　　사

思 생각 사, 생각할 사　　**無** 없을 무, 아닐 무

邪 간사할 사, 기우듬할 사

혼자 있는 것처럼 함부로 말하고 행동함

중국 위나라에 칼을 잘 쓰고 술과 금(琴)을 좋아하는 '형가'라는 사람이 있었다. 위나라에서 뜻을 이루지 못한 그는 천하를 정처없이 떠돌면서 당대의 대장부와 어진 사람들을 사귀었다. 그 가운데 '고점리'라는 사람이 있었다. 형가와 고점리는 서로 뜻이 잘 맞아 아주 친한 사이가 되었다. 두 사람은 만날 때 마다 술판을 벌이고 춤을 추며 큰 소리로 노래를 부르다 서로 신세가 처량함이 느껴지면 둘이 얼싸안고 울기도 하고 웃기도 했다. 이때 그들의 모습이 마치 곁에 아무도 없는 것처럼 보여서 나온 말이라고 한다.

傍	若	無	人
방	약	무	인

傍 곁 방, 곁할 방　　**若** 쫓을 약, 같을 약

無 없을 무, 아닐 무　　**人** 사람 인, 사람마다 인

족풀에서 나온 푸른색이
쪽보다 더 푸르다

학문이나 기술 등이 가르쳐 준 스승보다 그 밑에서 배운 제자가 더 나을 때 쓰는 말이다. 남색과 쪽빛은 같은 뜻. 청출어람의 '람(藍)'은 우리가 흔히 남색이라고 쓰는 한자다.

중국 전국시대 성악설(性惡說)을 주장한 순자(荀子)의 권학(勸學)편에서 "학문은 그쳐서는 안되고(學不可以已) 푸른색은 쪽에서 취했지만 쪽빛보다 더 푸르고(青取之於藍而青於藍) 얼음은 물로 이루어졌지만 물보다 더차다(氷水爲之而寒於水)"라고 한데서 나오는 말로 전해진다.

青	出	於	藍
청	출	어	람

青 푸른빛 청, 푸를 청   **出** 날 출, 나갈 출, 나올 출

於 어조사 어, 기댈 어   **藍** 쪽 람, 남빛 남

사물의 근본이 되는
네 가지 원리

원(元)은 만물의 시초로 봄에 속한다. 형(亨)은 만물이 자라는 여름에 해당하며, 이(利)는 만물이 여물고 거두어들이는 가을이다. 만물을 거두어 저장하는 겨울은 정(貞)이다.

중국 고전(古典)인 주역(周易)의 기본이 되는 64괘(卦) 중 맨 앞에는 있는 건(乾)괘에 나오는 말이다. 일반적으로 만물이 처음 생겨나서 자라고 삶을 이루어 완성되는 근본원리로써 동양의 우주에 대한 철학적 기본 사고라고 볼 수 있다.

元	亨	利	貞
원	형	이	정

元 으뜸 원, 근원 원   **亨** 형통할 형, 드릴 향

利 날카로울 리, 이로울 리(이)   **貞** 곧을 정, 사덕의 하나 정

위기를 맞이하여 절박해진 심정을 비유하는 말이다. '전전(轉轉)'은 겁을 먹고 벌벌 떨고 있는 모습, '긍긍(兢兢)'은 조심스럽게 몸을 움츠리는 것으로 어떤 위기감으로 매우 두려워하는 심적 불안 상태를 일컫는다.

중국 고전 시경(詩經)에 나오는 말로 주(周)나라 말기에 포악한 군주의 법도를 무시한 정치가 자행되고 있었다. 이때 뜻있는 신하가 한탄하는 내용을 노래로 표현한 것에서 유래됐다.

轉	轉	兢	兢
전	전	긍	긍

轉 구를 전, 넘어질 전   **兢** 조심할 긍, 떨릴 긍

겉만 번지르하고
속은 별 볼일 없다

'양의 머리를 내어놓고 실제로는 개고기를 판다'는 뜻이다. 또는 겉으로 보이는 행동과 속으로 품고 있는 뜻이 달라서 됨됨이가 바르지 못한 것을 의미하기도 한다.

중국 춘추시대 제(齊)나라 '영공(靈公)'의 괴팍한 취미에서 유래된 말이다. 영공이 궁(宮) 안에 있는 궁녀들에게 남자 옷을 입도록 한 바, 나중에는 궁 밖의 여자들 모두 남장을 하고 다녔다고 한다. 이를 보고 궁 안의 여인들만 남장을 하고 궁 밖의 여자들에게는 남장하는 것을 금했다는 데서 나온 고사성어라고 전해진다.

羊 頭 狗 肉
양 두 구 육

羊 양 양, 노닐 양   頭 머리 두, 꼭대기 두

狗 개 구, 강아지 구   肉 살 육, 고기 육

말하지 않아도
서로의 마음이 통한다

불가(佛家)의 '석가모니'와 그의 제자 '가섭'이 서로 말을 하지 않으면서도 마음에 뜻이 전달되어 통했다는 데서 나온 말이라고 전해온다.

이는 한정된 언어나 문자만으로는 부처님의 심오한 뜻이 다 전달될 수 없기 때문에 마음으로 그 진리를 깨닫는 수밖에 없다는 의미다.

서로 마음이 통하면 말을 하지 않아도 각자의 의사가 전달됨을 뜻하기도 한다.

以 心 傳 心
이 심 전 심

以 써 이, 까닭 이   **心** 마음 심, 가슴 심
傳 전할 전, 전하여질 전

천리의 먼 곳을
볼 수 있는 눈

먼 곳에서 일어나는 일이나 세상 일을 꿰뚫어 보고 직감적으로 감지하는 뛰어난 관찰력을 지녔거나 그러한 능력을 가지고 있을 때 흔히 쓰는 말이다.

옛날 중국 북위말북위말(北魏末)에 어느 주(州)의 태수(太守)로 있던 '양일(楊逸)'이라는 사람을 두고 부패한 관리들이 "양태수는 천리를 내다보는 눈을 가지고 있어 그를 속이거나 부정한 짓을 할 수 없다"고 한데서 나온 말이라고 전해 온다. 또한 중국 민간전설 속 수호신(守護神)으로도 전해진다.

千 里 眼
천   리   안

千 일천 천, 천번 천   里 마을 리, 헤아릴 리

眼 눈 안, 볼 안

황당한 일에 정신을 놓고 어쩔 줄 몰라하는 모습

실의에 빠져 정신을 잃고 어리둥절하다는 뜻이다. 특히 예상치 못한 화재나 수해 등으로 순식간에 삶의 터전을 잃는 등 재앙을 당하여 실의에 빠지는 경우처럼 주로 안타까운 상황을 비유할 때 쓰인다.

중국 전국시대(戰國時代)에 도가(道家) 사상을 대표하는 열어구(列御寇)의 열자중니(列子仲尼)편에 나오는 말인데 "자공은 망연자실 하더니 집으로 돌아가 깊은 생각에 잠겨 이레(7일) 동안 잠도 자지 않고 먹지도 않아 마른 나무처럼 수척해졌다"에서 유래된 고사성어다.

茫	然	自	失
망	연	자	실

茫 아득할 망, 멍할 망   **然** 그러할 연, 그럴 연
自 스스로 자, 몸 자   **失** 잃을 실, 허물 실

二部

상식과 교양

땀 흘리지 않고
이루어지는 일은 없다

세상에 땀 흘리지 않고 자기가 원하는 일을 어떻게 이룰 수 있는가. 요행수나 찾고 노력 없이 쉬운 길만 찾아 성공하기를 바라는 요즘 일부 사람들이 꼭 기억하고 명심했으면 하는 사자성어다.

꼴찌도 노력하면 앞에 설 수 있고 가난한 사람도 다른 사람 보다 좀 더 근면성실하면 재벌은 못되더라도 부자는 될 수 있다는 사실은 변할 수 없는 진리다. 따라서 매사에 안 된다고 낙담하거나 부정하지 않고 더욱 분발하고 노력하는 자세를 굳건히 견지하는 자는 반드시 그에 상응하는 성공이 뒤 따를 것이라 확신한다.

無 汗 不 成
무   한   불   성

無 없을 무, 아닐 무   汗 땀 한, 땀날 한
不 아니 불, 아닌가 부   成 이루어질 성, 이룰 성

지나치게 공손한 것은 오히려 예의에 벗어난다

'정도에 넘치는 공손은 오히려 실례(失禮)가 된다'는 말이다. 평소 예절을 지키는데도 지나치게 넘치거나 부족하지 않는 적절한 중도(中道)의 범위를 지켜야 함을 강조하는 뜻을 품고 있다.

맹자(孟子) 이루장(離婁章)의 "대인은 예(禮) 아닌 예와 의(義) 아닌 의를 하지 않는다"는 말에 대해 송(宋) 나라 학자 정자(程子)는 "공손한 것은 본래의 예이나 지나친 공손, 즉 과공(過恭) 같은 행위는 예가 아닌 예"라고 풀이한데서 유래된 고사성어로 전해진다..

過 恭 非 禮
과 공 비 례

過 지날 과, 지나칠 과   恭 공손할 공, 공손히 할 공

非 아닐 비, 어긋날 비   禮 예 례, 예우할 례

의심 받을 행동은
아예 하지 말라

'오얏나무 아래를 지나갈 때는 머리에 쓴 관을 바로 하지 않는다'는 뜻이다. 다 익어 따 먹을 수 있는 오얏 나무 밑을 지나며 손을 들어 모자를 고쳐 쓰다보면 마치 오얏을 따려는 것처럼 보일 수도 있다.

이렇게 사소한 것이라도 남에게 의심 받을 수 있는 행동은 조심하여야 한다는 뜻을 비유적으로 표현한 말이다.

우리의 속담으로 '참외 밭을 지나갈 때는 신발을 고쳐 신지 않는다'는 말과 비슷한 내용이라 볼 수 있다.

李下不整冠
이   하   부   정   관

李 오얏나무 이(리)   下 아래 하, 떨어질 하
不 아니 불, 아닌가 부   整 가지런할 정, 가지런이할 정
冠 갓 관, 어른 관

가장 위에 있으며
가장 위대한 선은 물과 같다

'물은 가장 공평하면서도 만물을 이롭게 한다.' '물은 만물과 다투지 않는다.' '물은 언제나 수평을 유지하면서도 모든이가 싫어하는 낮은 곳을 찾아 흐른다.' 노자(老子)의 '도덕경'에 나오는 말이다.

중국 북송시대 소철(蘇轍)은 이 말을 물은 낮은 곳으로만 찾아 흐르는 '겸손', 막히면 돌아가는 '지혜', 더럽고 탁한 구정물까지 받아주는 '포용', 어떤 그릇에도 담기는 '융통', 그러면서도 바위도 뚫는 '끈기'와 폭포처럼 투신하는 '용기', 그러나 결국은 바다에 이르는 '대의' 등의 덕목을 갖고 있다고 풀이했다.

上	善	若	水
상	선	약	수

上 웃 상, 오를 상, 바랄 상   **善** 착할 선, 좋을 선

若 쫓을 약, 같을 약   **水** 물 수, 물일 수

약속의 중요함을
비유해서 강조한 말

공자의 제자 '증삼(曾參)'과 얽힘 이야기다. 어느 날 증삼의 아내가 시장에 가는데 아이가 울면서 따라 가겠다고 조른다. 그러자 아내가 '시장에 갔다 와서 돼지(彘)를 잡아 줄 테니 집에 있어라'고 하며 달래 떼어놓고 갔다 오니 증삼은 칼을 갈고 물을 끓여 돼지를 잡으려 했다. 아내가 놀라자 증삼은 "자식을 속이면 부모를 믿지 않게 된다"며 돼지를 잡았다. 이를 본 아이는 친구에게서 빌린 책을 약속한 날짜에 돌려주고 오겠다고 자다말고 벌떡 일어났다고 했다. 가정에서나 사회에서나 신뢰가 중요하다는 말로 쓰인다.

曾	參	烹	彘
증	삼	팽	체

曾 일찍 증, 거듭할 증   參 석 삼, 섞일 참

烹 삶을 팽, 삶아질 팽   彘 돼지 체

겉으로는 같은 척하면서도 속셈은 달리한다

같은 침상을 쓰고 기거(起居)를 함께하면서 다른 꿈을 꾼다는 뜻이다.

비슷한 내용이지만 같은 상황에서 같은 생각을 하는 '동상동몽(同床同夢)'이나 반대로 각각 다른 상황에서 같은 생각을 하는 '이상동몽(異床同夢)'은 거의 쓰임이 없다. 이에 반해 '동상이몽'이라는 말만은 우리 생활에서 흔히 쓰고 있다. 아마도 사람마다 생각과 개성이 다르고 살아가는 방식이 다양해서 그런 것이 아닌가 생각해 본다. 중국 남송(南宋)때 학자인 진량(陳亮)이라는 사람이 한 말에서 유래되었다고 전해진다.

同 床 異 夢
동 상 이 몽

同 한 가지 동, 같이할 동   **床** 평상 상, 마루 상

異 다를 이, 달리할 이   **夢** 꿈 몽, 꿈꿀 몽

임금, 스승, 부모의 은혜는 같다

임금, 스승, 아비지는 한 몸처럼 섬기어야 한다. 즉 임금과 스승과 아버지의 은혜는 같다는 뜻이다. 요즘에는 이 다섯 글자를 단순하게 이해하고 있지만 유학(儒學)의 한 계통인 성리학(性理學)을 공부하던 조선시대의 사대부들에게는 자기 자신의 신념과 철학을 담고 있는 매우 유의미한 한자어구였다. 즉 조선의 선비들은 과거를 보고 벼슬을 하기 위해서는 성리학을 공부해야 했고, 벼슬을 하여 나라의 일을 하는 것은 바로 입신양명하여 출세하는 것으로 생각했기 때문이다.

君	師	父	一	
군	사	부	일	체

君 임금 군, 부모 군   **師** 스승 사, 군사 사

父 아비 부, 아버지 부   **一** 한 일, 하나로, 할 일

體 몸 체, 모양 체

어이없어
말이 안 나온다

본래의 뜻은 말로는 표현할 수가 없는 최상의 진리(眞理), 이심전심(以心傳心)으로만 전수되는 진리본체를 가리키는 말이었다. 그러나 오늘날에 와서는 너무나도 엄청나게 사리(事理)에 어긋나서 이루 말로는 다할 수 없음을 뜻하는 "말도 안 된다" 등으로 쓰이고 있다.

원래는 불교의 선(禪)에서 나오는 "열반(涅槃), 즉 깨달음이라는 것은 문자로 표현할 수가 없고 경전이나 교리로도 전할 수 있는 것이 아니며 언어로 설명할 수도 없는 마음이 끊어진 곳이다"에서 나온 말이다.

言 語 道 斷
언   어   도   단

言 말씀 언, 말할 언   **語** 말할 어, 알릴 어

道 길 도, 말할 도   **斷** 끊을 단, 끊어질 단

사람의 얼굴에 짐승과 같은 마음

인간으로서의 도리를 지키지 못하고 배은망덕(背恩忘德)하거나 행동이 몹시 흉악하고 음탕한 사람을 이르는 말. '인면수심'은 중국 한(漢)나라 때 '반고'라는 사람이 지은 한서(漢書) 흉노전(匈奴傳)에 나온다. 흉노(匈奴)는 몽골고원과 만리장성 일대를 중심으로 활동하는 유목기마 민족으로 주(周)나라 때부터 중국 북방을 침략해 중국인들은 그들을 '북방의 오랑캐'라고 불렀다.

흉노전에서 이들을 가리켜 "오랑캐들은 머리를 풀어헤치고 사람의 얼굴을 하였으되 마음은 짐승과 같다"고 표현한데서 말이 유래되었다고 전해진다.

人 面 獸 心
인   면   수   심

人 사람 인, 사람마다 인   **面** 낯 면, 탈 면

獸 짐승 수, 포 수   **心** 마음 심, 근본 심

꾸준히 노력하면 목표를 이룬다

옛날 중국에 '우공'이라는 나이가 구십이나 되는 노인이 살았다. 그의 집 앞에는 커다란 산이 두 개나 있어서 어디를 가려면 가로막힌 산을 돌아가는데 무척 힘이 들고 많은 시간이 걸렸다고 한다. 그래서 우공은 그 산을 옮기기로 결심한다. 이를 보던 주변사람이 "구십 노인이 얼마나 살겠다고 허무맹랑한 일을 하느냐"며 비웃었다. 그러자 우공은 "내가 못 옮기면 자식들이 계속 할 것이고, 자식들이 끝을 못 내면 그 뒤의 자손들이 계속하면 언젠가는 산을 다 옮길 수 있을 것"이라고 한데서 전해지는 고사성어다.

愚 公 移 山
우 공 이 산

愚 어리석을 우, 우직할 우   公 공변될 공, 주인 공
移 옮길 이, 옮을 이   山 메 산, 산신 산

남의 하찮은 일도
내겐 도움이 될 수 있다

남의 산에 있는 거칠고 볼품없는 돌이라도 자기의 구슬을 가는 숫돌로 쓸 수 있다는 말이다. 다른 사람의 하찮은 언행일 지라도 자기의 덕과 마음을 수련하는데는 도움이 될 수 있다는 뜻으로 사용된다. 즉 나와 직접 관계가 없어 보이는 일들이라도 나의 인격을 수양하고 마음을 닦는 데는 도움이 될 수 있다는 의미로 쓰일 수 있다.

다른 사람이 하는 일을 거울로 삼아 자기 자신을 돌아볼 수 있음은 우리의 일상생활에서 매우 필요하면서도 바람직한 일이라고 생각된다.

他	山	之	石
타	산	지	석

他 남 타, 딴일 타　　**山** 메 산, 산신 산

之 갈 지, 이어질 지　　**石** 돌 석, 굳을 석

한 사람을 벌주어
백 사람을 경계한다

중국 전국시대 '손자병법'을 저술한 제(齊)나라 '손무(孫武)'가 군사훈련을 시키며 군령(軍令)을 강화하고 엄격한 군기를 세우는데 사용했다는 말이다.

이 고사성어는 한 사람을 엄하게 벌주어 다른 모든 사람에게 경각심을 불러일으키게 함으로써 많은 사람이 잘못을 저지를 수 있는 마음을 아예 처음부터 제거하는 효과를 거두고자 한 것이다. 특히 전쟁 때는 군령의 준엄함을 보여줌으로써 다른 모든 장병에게 경종을 울릴 수 있다는 뜻에서 흔히 쓸 수 있는 전술적 가치를 가지고 있는 형벌이라 할 수 있다.

一	罰	百	戒
일	벌	백	계

一 한 일, 하나 일   罰 벌 벌, 벌줄 벌

百 일백 백, 백번 백   戒 경계할 계, 경계 계

겉만 교활하게 꾸미는 말과 얼굴

남의 환심을 사려고 아첨하며 교묘하게 하는 말과 보기 좋게 알랑거리는 얼굴빛을 이르는 말이다. 원래는 논어 학이(論語 學而)편에 나오는 말이다.

우리가 사회 생활하는데 알랑대거나 아첨하는 사람들을 흔히 볼 수 있다. 물론 세상을 살아가려면 속마음을 남에게 나타내 보이는 것도 삼가야 할 일이다.

하지만 그렇다고 어떤 이해관계를 위해 남의 비위를 맞추려고 하는 짓 또한 지탄을 받을 일이 아닐 수 없다.

巧 言 令 色
교 언 영 색

巧 공교할 교, 예쁠 교   言 말씀 언, 말할 언
令 하여금 령(영), 아름다울 령(영)   色 빛 색, 낯 색

닭의 갈비는 소갈비나 돼지갈비처럼 살이 많이 붙어 있지 않아 먹을 만한 것이 별로 없지만 그렇다고 아주 처음부터 버리기는 어딘가 조금 아쉬운 마음이 들게 된다.

일상에서 평소 쓰지 않는 물건을 나중해 혹시라도 사용할까봐 버리지 못하는 경우에 쓰인다. 인간관계 에서도 특정 조직이나 사회생활에서 존재감이 미미해 어울리지 못하지만 그렇다고 인연을 끊어내기도 예매 한 경우에도 쓰이는 말이다.

鷄　肋

계　　　　　　　　　　록

鷄 닭 계　　　　　　　　肋 갈빗대 록

크게 이루려면
시간이 걸린다

  큰 그릇을 만들려면 오랜 시간이 걸린다는 뜻이다. 사람도 뛰어나고 훌륭한 큰 인물이 되기 위해서는 많은 노력과 오랜 시간의 수련이 필요하다는 의미를 품고 있는 말이다.

  우리가 무심히 쓰고 있는 '크다'는 말은 보통의 정도와 비교해서 중간을 넘어서는 경우를 말하듯이 무엇이든 중간을 넘어서려면 보통의 노력보다 더 큰 공을 들여야 할 것이다.

  중국 삼국지(三國志) 위서(僞書)의 최염전(崔琰傳) 등에서 유래되었다고 전해진다.

大	器	晩	成
대	기	만	성

大 클 대, 크게할 대   **器** 그릇 기, 그릇으로 쓸 기

晩 저물 만, 늦을 만   **成** 이루어질 성, 이룰 성

76

핵심을 찌르는
한마디 말

한 치 밖에 안 되는 쇠꼬챙이나 칼로도 사람을 죽일 수 있다는 뜻이다. 간단한 말이나 글로 상대방을 감동시키거나 또는 사물의 급소를 찌름으로서 기세를 잡는 일을 비유하는 말이다.

몇 마디의 말이나 잘 지은 문구를 이용해 상대를 설득하고 굴복 시킬 수 있는 능력을 갖출 수 있다면 여러 상황에서 유용할 것이다. 이를 위해서는 문제의 핵심을 정확하게 파악하고 그 핵심에 걸맞는 표현을 할 수 있도록 사전에 충분한 준비와 노력이 뒷받침되어야 할 것이다.

寸	鐵	殺	人
촌	철	살	인

寸 치 촌, 촌수 촌　　　鐵 쇠 철, 철물 철
殺 죽일 살, 지울 살　　人 사람 인, 남 인

간사함을 앞세워
충신인 척하다

아주 간사한 사람은 아첨하는 수단과 방법이 매우 교묘하고 흡사 크게 충성하는 사람과 같아 악한 본성을 숨기고 충실한 척 한다는 뜻으로 쓰인다.

중국 송나라 때 '왕안석'이라는 선비가 있었다. 그는 부패한 관리들로 위태로워진 나라의 국면을 벗어나기 위한 새로운 법 제정을 추진했다. 이를 통해 부정과 부패를 바로 잡으려했던 것이다. 그러나 이에 반대하는 대지주나 부패한 관료들이 임금에게 '왕안석'은 '간사함을 숨기고 충신인 척한다'고 모함하며 탄핵 상소를 올렸다는 데서 나왔다는 고사성어다.

大	姦	似	忠
대	간	사	충

大 클 대, 크게할 대 　　**姦** 간사할 간, 간음할 간

似 같을 사, 흉내낼 사 　　**忠** 충성할 충, 정성스러울 충

겉으로 친절한 척하며
속마음은 엉큼하다

'입에는 꿀이 있으나 뱃속에는 칼을 품고 있다'는 말이다. 겉으로는 친절한척 듣기 좋은 말을 하지만 마음속으로는 엉큼한 생각을 하는 사람을 비유한다.

당(唐)나라 현종(玄宗) 말기에 '이임보'라는 간신이 황제의 비위만 맞추면서 절개가 곧은 충신의 간언(諫言)이 황제에게 전달되지 못하게 했다. 또 능력있는 선비들을 미워하고 질투하여 자기보다 나은 사람을 배척하는 성격의 소유자였다. 이에 따라 현명한 많은 선비들이 "이임보는 입에 꿀이 있는 것 같지만 뱃속에는 칼을 품고 있다"고 한데서 유래되었다고 전해온다.

口	蜜	腹	劍
구	밀	복	검

口 입 구, 아가리 구   　蜜 꿀 밀

腹 배 복, 두터울 복   　劍 칼 검, 죽일 검

지난날의 잘못을
뉘우치고 고쳐 착하게 됨

중국 진(晉) 나라에 '주처(周處)'라는 사람은 어려서 아버지를 잃고 방탕한 생활을 하면서 살았는데 힘이 장사라서 얼핏하면 주변사람들에게 포악한 짓을 하는 등 괴롭혔다. 주처는 어느날 철이 들면서 자신의 과오를 깨닫고 지난날의 허물을 고쳐 새사람이 되겠다고 각오를 다진다.

그러자 마을 사람들이 "지난날의 과오를 고쳐 새사람이 된다면 자네의 앞날은 무한할 것"이라고 격려해 준데서 유래되었다고 전해온다.

改 過 遷 善

개   과   천   선

改 고개 칠, 고쳐 질 개   過 지날 과, 잘못할 과

遷 옮길 천, 바뀔 천   善 착할 선, 잘할 선

세상을 혼란하게 하고
백성을 속임

　잘못된 이론이나 주장으로 백성들을 속이고 기만해 사사로운 이익을 취하는 것을 비유한 고사성어이다.

　혹세무민은 원래 중국 명(明)나라 환관 '유약우(劉若愚)'가 쓴 작중지(酌中志)에 나온다. 당시 일부 승려들이 백성들을 기만해 호의호식하는 일이 빈발하자 그러는 승려들한테 "혹세무민한다"고 비난한데서 유래한다고 전해진다. 그후로 사이비 종교인이나 바르지 못한 지식인 또는 정치인이 그릇된 주장으로 일반 시민들을 호도해 사욕을 채우는 경우를 지칭할 때 많이 쓰이고 있다.

惑 　 世 　 誣 　 民
　　혹　　　세　　　무　　　민

惑 미혹할 혹, 미혹케 할 혹　**世** 세상 세, 인간 세

誣 무고할 무, 꾸밀 무　**民** 백성 민

모였다 흩어지고,
흩어졌다 다시 모인다

모였다 흩어지는 회산(會散) 또는 취산이합(聚散離合)과 같은 뜻을 갖는 사자성어이다.

자유주의시대 이탈리아의 정치적 거래와 타협의 관행을 일컫는 말인데, 이 말의 기원은 1850년대 우파와 좌파 사이의 협력에 의해 설립된 연립에서 유래되었다고 한다.

정치적으로 안정된 의회의 다수파를 확보하기 위해 우파 또는 좌파에서 상대편에 있는 인물들을 자기편으로 끌어 들이는 데서 시작되었다고 본다면 맞을 것이다.

離	合	集	散
이	합	집	산

離 떠날 리(이), 흩어질 리　　**合** 합할 합, 모일 합

集 모을 집, 모일 집　　**散** 헤칠 산, 헤어질 산

사슴을 가리켜
말이라 한다

사슴을 가리켜 말이라고 한다는 뜻으로 사실이 아닌 것을 사실이라고 억지 쓰며 모순되는 것을 강압으로 인정하게 하거나 윗사람을 농락하여 권세를 마음대로 부림을 비유해서 표현하는 고사성어이다.

중국 천하를 통일한 진시황(秦始皇)이 세상을 떠난 후 황제 자리까지 넘보던 환관 '조고(趙高)'가 자신을 반대하는 사람을 가려내기 위해 당시 어린 왕자였던 호해(胡亥)에게 사슴을 말이라고 우기면서, 다른 신하들은 사실대로 말을 할 수 없게 했던 것에서 유래한 말로 알려져 있다.

指 鹿 爲 馬
지   록   위   마

指 가리킬 지, 손가락질 지   **鹿** 사슴 록, 곳집 록

爲 할 위, 행위 위   **馬** 말 마, 산가지 마

자기가 한 말로
자신이 곤란해지다

　자신이 만든 끈으로 자기 몸이 스스로 묶인다는 뜻
이다. 자기가 한 말과 행동에 자신이 구속되어 어려움
을 겪는 것을 이르는 고사성어이다.

　자기 스스로를 옭아 묶을 정도로 자신의 언행 때
문에 자기가 속박 당하고 괴로움이나 어려움을 겪게
되는 경우를 비유하는 말. '자기가 만든 법으로 인해
자신이 해를 얻는다'는 뜻의 작법자폐(作法自斃)와 비슷
하다.

自 繩 自 縛
　　자　　　　승　　　　자　　　　박

自 스스로 자　　　　　　**繩** 노끈 승, 먹줄 승
縛 묶을 박, 포승 박, 얽을 박

남의 말을 귀에 담지 않고 흘려 듣는다

봄 바람이 말(馬)의 귀를 스치며 지나간다는 뜻이다. 남의 말에 귀 기울이지 않고 무관심하거나 무시하여 대수롭지 않게 생각하며 그냥 흘려 듣는 것을 의미하는 말이다.

중국 당(唐)나라 시인 '이백(李白)'이 밤늦도록 혼자서 술을 마시다가 느낀 감회를 적어 보낸 왕거일(王去一)의 시에 회답하며 읊은 시 '답왕십이한야독작유회(答王十二寒夜獨酌有懷)' 중에 나오는 '마치 동풍이 말의 귀를 쏘는 듯(有如東風射馬耳)'이라는 시구(詩句)에서 유래 되었다고 전해온다.

馬	耳	東	風
마	이	동	풍

馬 말 마, 아지랑이 마   耳 귀 이, 어조사 이

東 동녘 동, 봄 동   風 바람 풍, 빠를 풍

자신이 한 말의
앞뒤가 맞지 않는다

'자가(自家)'는 스스로 거주하는 집 또는 자기 자신이라는 뜻이고 '당착(撞着)'은 둘 이상의 것들이 서로 부딪치거나 맞붙기도 함을 뜻하는 말이다. 자기가 한 말의 앞뒤가 맞지 않거나 언행 또는 문장의 전후가 어긋나고 일치하지 않음. 즉 자기 '모순'에 속하는 논리적 오류로 자기가 했던 주장이 도리어 자기 자신을 부정하는 근거가 되는 경우를 말한다.

이 말은 본래 불가(佛家)에서 자기 자신 속에 있는 불성(佛性)을 깨닫지 못하고 외부에 허황된 목표를 만들어 헤매는 것을 경계하는데 쓰였다고 한다.

自	家	撞	着
자	가	당	착

自 스스로 자, 몸 자　　　家 집 가, 살 가

撞 칠 당, 부딪칠 당　　　着 붙을 착, 부딪칠 착

모래 위에 지어
기초가 부실한 집

모래 위에 세운 다락집처럼 기초가 약하여 무너질 염려가 있고 오래 유지 할 수 없고 실현 불가능한 일을 비유해서 표현하는 한자성어이다. 이와 비슷한 뜻으로 공중누각(空中樓閣)이라는 말이 있다.

'공중에 떠있는 누각'이라는 말로 현실성이 없는 일이나 근본이 없는 일을 지칭한다.

砂 上 樓 閣
사 상 누 각

砂 모래 사, 약 이름 사   　上 윗 상, 오를 상
樓 다락 누(루), 망루 루(누)   閣 집 각, 다락집 각

사적인 욕심만 채우는
부패한 관리

탐욕이 많고 행실이 깨끗하지 못한 벼슬아치를 일컫는 말로 부정부패와 권력형 범죄가 심각한 관료를 뜻한다.

자기의 영향력 아래 있는 사람들의 '피와 땀을 짜내는 식'으로 자신의 재산이나 권력을 늘리려 하는 자들에 대한 원성과 비난이 함축되어 부정적인 이미지로 표현한 말이라 할 수 있다.

貪	官	汚	吏
탐	관	오	리

貪 탐낼 탐, 탐할 탐   官 벼슬 관, 벼슬아치 관
汚 더러울 오, 괸물 오   吏 벼슬아치 리, 아전 리

모든 일은 반드시
올바른 이치대로 돌아간다

어떤 일에 있어 처음에는 옳고 그름을 가리지 못하여 올바르지 못한 일이 일시적으로 통용되거나 득세하는 경우도 있지만 결국에는 반드시 정당하고 바른 이치대로 돌아가게 됨을 비유해서 나타내는 사자성어이다.

여기에서 '사(事)'는 '이 세상의 모든 일'을 뜻하고 '정(正)'은 '정당하고 올바른 이치'를 일컫는 것으로 보아야 할 것이다. 세상의 순리와 인생의 정의로움을 말하며 세상일이 꼭 이렇게 되어야 할 것이라는 신념마저 들게 하는 말이다.

事	必	歸	正
사	필	귀	정

事 일 사, 섬길 사	**必** 반드시 필, 오로지 필
歸 돌아갈 귀, 마칠 귀	**正** 바를 정, 바로잡을 정

다른 시대를 사는 것 같은
큰 변화를 느낌

　세상이 아주 많이 바뀌어서 다른 세대를 만난 것처럼 예전과 크게 달라졌다고 여겨지는 느낌을 뜻하는 말이다. 아마도 세상이 크게 변화하여 세대(世代) 사이에 사고방식이나 주변 환경이 몰라 볼 정도로 바뀌었을 때 느껴지는 탄성처럼 흘러나오는 말이라고 보아야 할 것이다.

　이 말은 '세상을 거른 듯한 느낌'이라는 뜻으로 세월이 흘러 주변 환경이 큰 변화에 따라 많이 바뀌어서 딴 세상처럼 여겨지는 느낌을 가리킨다.

隔	世	之	感
격	세	지	감

隔 사이 격, 뜰 격　　　**世** 인간 세, 세상 세

之 갈 지, 어조사 지　　　**感** 느낄 감, 감동할 감

상대방을 현혹시키기 위한 달콤한 말

남의 비위에 맞도록 듣기 좋게 하려고 달콤하게 꾸민 말이나 순간적으로이로운 조건을 내세워 속이고자 함을 비유해서 표현하는 사자성어이다.

중국 당(唐)나라 현종 밑에서 벼슬을 하던 '이임보'라는 사람은 특별하게 학식이 풍부하지도 않았고 그렇다고 남달리 충성심이 깊은 사람도 아니었다. 하지만 그는 상대방을 '솔깃'하게 하는 달콤한 말과 표정으로 임금인 현종의 비위를 잘 맞췄다. 현종은 그의 말에 속아 간신들을 곁에 두고 정사를 했다가 뒤늦게 잘못을 뉘우치게 되었다는 데서 유래된 말이라고 전해온다.

甘	言	利	說
감	언	이	설

甘 달 감, 맛날 감　　　　　**言** 말씀 언, 말할 언

利 날카로울 리(이), 이로울 리(이)　　**說** 말할 설, 말씀 설

가혹하게 세금을 걷고
재물을 빼앗아 백성을 괴롭힘

세금을 혹독하게 기두어들이고 강제로 재물을 수탈하는 관리나 또는 그러한 정치적 상황으로 백성들의 생활이 힘들다는 뜻을 나타내는 말이다.

당나라 '헌종(憲宗)'이 '황보박'이라는 재상으로 하여금 세금을 가혹하게 거두어들이게 함으로써 백성들의 원성을 얻은 데서 나온 말이 '가렴'이다. 또 정(鄭)나라가 크고 강한 나라들 사이에 끼어서 큰 나라에 수시로 가혹한 공물(貢物)을 바치느라 잠시도 편할 날이 없었다는 데서 나온 말이 '주구'다.

苛 가혹할 가, 무거울 가   斂 거둘 렴, 단속할 렴

誅 책망할 주, 벨 주   求 구할 구, 탐낼 구

92

현실적이지 않고 턱없이 지나치게 인식하는 증상

자기의 현재 상태를 실제보다 크게 과장하여 과대평가하고 마치 그것을 현실인 것처럼 인식하는 정신증상을 나타내는 말이다.

자신이 다른 사람과 달리 자신만 알고 있는 특별한 능력을 가졌다거나 매우 유명인사와 특별한 관계를 가지고 있다는 식으로 생각하고 있는 현상 등을 일컫는 사자성어이다.

誇	大	妄	想
과	대	망	상

誇 자랑할 과, 거칠 과　　**大** 큰 대, 크게할 대

妄 허망할 망, 망녕 망　　**想** 생각할 상, 생각 상

결심한 일이
삼일을 못 간다

중국 고전 '맹자(孟子)' 등문공(滕文公)편에 '작어기심(作於其心)'이라는 말이 있는데 "그 마음에서 일어나서"라는 뜻의 이 말에서 유래되었다고 전해진다.

원래는 '사흘을 두고 생각하여 비로소 결심하였다'는 긍정적인 의미였다고 한다. 그러나 오늘날까지 내려오면서 '마음을 단단히 먹었으나 사흘만 지나면 흐지부지해 진다'는 식의 부정적인 의미로 더 많이 사용되고 있다.

作	心	三	日
작	심	삼	일

作 지을 작, 일으킬 작   心 마음 심, 염통 심

三 석 삼, 세 번 삼   日 해 일, 날 일

은혜를 잊고
오히려 배신하다

　남에게서 입은 은혜와 덕을 저버린다는 뜻으로 베풀어 준 은혜에 보답하기는커녕 오히려 원수로 갚는 것을 이르는 사자성어이다.

　배신은 믿음을 저버리는 행위이다. 동서양을 막론하고 인륜지도(人倫之道)를 파괴하는 일로 마땅히 불신되어야 한다. 그러나 요즘 우리 주변에 크게는 국가 간의 관계에서부터 작게는 각 개인 간의 인간관계까지 많은 배신행위가 판을 치고 있다. 이런 일들이 사회를 더욱 삭막하고 각박하게 하고 있음은 매우 안타까운 일이다.

背	恩	忘	德
배	은	망	덕

背 배반할 배, 배 　　　**恩** 은혜 은, 사랑할 은

忘 잊을 망, 소홀히할 망 　**德** 큰 덕, 덕 덕

심부름 보낸 사람이
돌아오지 않고 소식도 없다

조선을 세운 태조(太祖) 이성계는 1398년 세자 '방석
(芳碩)'이 왕자의 난(亂)으로 죽은 뒤 왕위(王位)를 정종(定宗)
에게 물려주고 고향인 함흥으로 갔다.

그 후 얼마 안가서 정종이 죽고 태종(太宗) 이방원(李
芳遠)이 즉위한 후 '성석린(成石璘)'으로 하여금 태조를 일
단 한양으로 환궁(還宮)하게 하였으나 1402년에 태조는
다시 북동 방면으로 떠나가고 돌아오지 않으므로 차
사(差使)를 보냈다. 하지만 심부름 보낸 차사도 돌아오
지 않아 이때부터 갔다가 돌아오지 않는 것을 '함흥차
사'라고 부르게 되었다.

咸	興	差	使
함	흥	차	사

咸 다 함, 같을 함   **興** 일어날 흥, 일으킬 흥

差 보낼 차, 틀릴 차   **使** 사신 사, 부릴 사

자기가 저지른 일의
결과를 자기가 받음

자기가 저지른 일의 과보를 자기가 받는다는 뜻인데 그 본래의 참뜻은 훨씬 더 넓은 의미를 지니고 있다.

우리가 오감(五感)을 통해 체험하는 모든 것은 스스로 의식을 하든 의식되지 않든 관계없이 한 순간도 놓치지 않고 우리 몸속에 그대로 합성 저장된다.

이렇게 저장된 것들이 곧 관념으로 작용함으로써 매 순간 모든 사물에 대응하는 느낌이나 생각 그리고 행동 등의 기본 자료로 활용되어 나타난다고 보는 한자성어이다.

自 業 自 得
자 업 자 득

自 스스로 자, 몸 자   **業** 일 업, 이미 업

得 얻을 득, 이득 득

좋은 물건을 보면
갖고 싶은 마음이 생긴다

좋은 의미로서의 갖고 싶다고 느끼는 것, 즉 소유욕이라는 것은 누구나 가질 수 있는 감정의 하나이므로 크게 거부감을 느낄 필요는 없다. 그러나 이 사자성어가 말하고자 하는 것은 '욕망에 대한 절제가 중요하다'는 경제학적 의미를 전하고자 하는 것이지, 욕망 그자체가 잘못된 현상이라는 뜻은 아닐 것이다.

사람은 욕심과 동시에 이성(理性)도 가지고 있다. 아무리 욕심이 생기더라도 자신의 물건이 아니거나 자기의 분수를 넘어서는 물건이면 더 이상 탐내지 말고 절제하는 마음도 가져야 할 것이다.

見	物	生	心
견	물	생	심

見 볼 견, 보일 견 　　**物** 물건 물, 재물 물

生 날 생, 살 생　　　**心** 마음 심, 가슴 심

살찐 고기와 좋은 곡식으로 만든 맛있는 음식

중국 고전인 시경(詩經) 대아(大雅)편에 "이미 술에 취하고 덕으로 충족했다"는 구절이 있다. 그 뜻은 '민의가 충만하므로 더 이상 남의 음식과 술을 원하지 않았고 명성이 가득하기 때문에 남의 좋은 옷을 원하지 않는다'는 뜻으로 해석된다.

우리나라 '춘향전'에는 이몽룡이 변사또 생일잔치에서 "금술잔에 담긴 좋은 술은 천명 백성의 피고 옥쟁반에 있는 좋은 안주는 만백성의 고혈(膏血)이다"라는 시구(詩句)가 등장한다. 이처럼 부정적 의미로 사용되기도 하였음을 볼 수 있다.

膏	粱	珍	味
고	량	진	미

膏 기름질 고, 기름 고　　粱 기장 량, 조 량
珍 보배 진, 맛있는 음식 진　　味 맛 미, 맛볼 미

귀한 보물처럼 여기고
꼭 지켜야 할 법칙

금이나 옥처럼 귀중히 여기고 꼭 지켜야 하는 법칙이나 규정을 말하는 것으로 '과(科)'와 '조(條)'는 국가의 법률을, '금(金)'과 '옥(玉)'은 귀중한 법이나 글을 뜻하는 바, 소중하게 여기어 지키고 간직해야 하는 법규나 교훈 등을 지칭하는 말이다.

중국 한(漢)나라 때 '양웅'이라는 자가 한나라를 배신한 '왕망'에게 아첨하는 글로 바친 '극진미신(劇秦美新)'에서 유래되었다고 전해지는 고사성어이다.

金 科 玉 條
금   과   옥   조

金 쇠 금, 금 금　　　科 과정 과, 조목 과

玉 구슬 옥, 사랑할 옥　　條 곁가지 조, 법규 조

三部

대화의 양념

호랑이를 잡으려면
호랑이 굴에 들어가라

큰 일을 하기 위해서는 그에 따르는 보험도 불사해
야 함을 비유해서 한 말이다.

중국 한나라 때부터 전해오는 고사성어로 청운의 꿈
을 꾸는 젊은이들은 마음 속 깊이 담아둘 말이다.

큰일을 이루려면 작은 노력을 들여서 이루기는 어렵
다. 홍시가 떨어지는 감나무 아래 누어서 입만 벌리고
있다고 감이 입에 들어오지는 않는다. 큰 성취를 맛보
려면 모험을 두려워해서는 안된다.

不入虎穴不得虎子

불 입 호 혈 부 득 호 자

不 아니불, 아닌가 부   **入** 들 입, 들어갈 입

虎 범 호, 호랑이 호   **穴** 움 혈, 구덩이 혈

得 얻을 득, 탐할 득   **子** 아들 자, 새끼 자

소의 뿔을 바로 잡으려다 소를 잡는다

어떤 결점이나 흠을 고치려다가 그 방법이 지나쳐 일 자체를 그르치게 되는 경우에 비유되는 고사성어이다.

대부분의 소는 처음부터 뿔이 구부러져 있어 그 자체가 일상적인 일인데 무리하게 그것을 바로 잡으려 한다면 오히려 예상치 못한 다른 문제가 발생 할 수 있음을 비유해서 말 한 것이다.

옛날 중국에서 제사에 사용할 소의 뿔이 조금 삐뚤어져 있어 반듯하게 바로 잡으려다 뿔이 송두리째 빠져 소 자체가 죽었다는 데서 유래 됐다고 전해진다.

矯 角 殺 牛
교 각 살 우

矯 바로 잡을 교, 속일 교   角 뿔 각, 뿔 찔 각

殺 죽일 살, 지울 살   牛 소 우, 별 이름 우

사방이 막혀 도움이나 구원을 받을 수 없는 상태

'초한지'로 유명한 중국 한나라의 유방과 초나라의 항우가 싸울 때 얘기다. 한나라 장수 장량은 군사들을 시켜 초패왕 항우가 주둔하고 있는 군영을 향해 초나라 노래를 부르도록 한다. 전쟁에 지쳐있는 초나라 군사들은 고향 노랫소리를 듣고 가족에 대한 그리움을 참지 못해 모두 고향으로 도망치게 되니 항우는 어쩔 수 없이 고립되어 패전의 쓴 맛을 보게 되었다.

이때 항우는 유방의 군대에 둘러싸여 누구의 도움도 받을 수 없는 고립된 상태에 빠지게 되었던 것에서 유래된 고사성어다.

四	面	楚	歌
사	면	초	가

四 넉 사, 사방 사　　　　面 낯 면, 만날 면

楚 가시나무 초, 초나라 초　　歌 노래 가, 노래할 가

목표를 잊지 않으려 고통을 참으며 각오를 새롭게 다진다

'거칠은 섶에 누워 쓰디쓴 맛의 쓸개를 씹는다'는 말이다. 원수를 갚기 위해 분발하거나 큰 뜻을 마음먹고 일을 이루기 위해서 괴롭고 어려움을 참고 견디며 온갖 노력을 다하는 것을 비유해서 일컫는다.

중국 춘추시대 월(越)나라 왕 '구천'이 오(吳)나라 왕 '부차'의 신하로 잡혀가 수모를 겪었던 것을 잊지 않기 위해 거칠은 땔나무 위에 누워서 자고 쓰디 쓴 쓸개를 씹어가며 복수심을 불태웠다는 이야기에서 전해지는 고사성어다.

臥 薪 嘗 膽
와　신　상　담

臥 누울 와, 누일 와　　**薪** 땔나무 신, 나무할 신
嘗 맛볼 상, 시험할 상　　**膽** 쓸개 담, 씻을 담

비 온 후
대나무 순 솟아오르듯 함

비가 온 뒤에 새순이 많이 솟아나는 대나무처럼 어떤 일이 일시에 많이 일어나는 현상을 비유하는 말이다.

죽순(竹筍)이란 대나무 땅속줄기에서 솟아나는 연한 순을 한다. 대나무는 뿌리 번식력이 왕성해서 봄철에 비가 오고 나면 새순이 순식간에 널리 퍼져서 솟아오르는 성질을 갖고 있기 때문에 이런 표현이 생겼다고 본다.

이 말이 처음 시작하는 현상을 강조한다면 '파죽지세(破竹之勢)'는 진행과정에서 세력이 왕성해지는 것을 강조하는 뜻을 갖고 있음을 알 수 있다.

雨	後	竹	筍
우	후	죽	순

雨 비 우, 비올 우　　　後 뒤 후, 뒤질 후
竹 대 죽, 대쪽 죽　　　筍 가마 순, 댓순 순

어느 날의 꿈과 같은
부귀영화

한갓 꿈처럼 헛된 한 때의 부귀영화를 비유해서 하는 말로 남가지몽(南柯之夢)이라고도 한다.

중국 당(唐)나라 때 '이공좌'라는 사람이 쓴 '남가기'라는 글에서 '순우분'이라는 사람의 꿈 이야기에서 나오는 말이다.

이 꿈 이야기는 순우분이 어느 나라에 들어가 높은 벼슬을 하고 공주와 결혼도 해 부귀영화를 누리다가 전쟁에 패해 죽기 직전 깨어나 보니 헛된 꿈이었다는 사실을 알게 됐다는 내용이다. 한바탕 헛된 꿈 또는 한낮 부질없는 즐거움에 비유하는 말로 쓰인다.

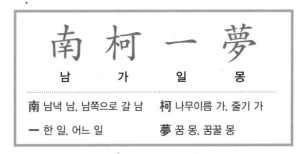

南	柯	一	夢
남	가	일	몽

南 남녘 남, 남쪽으로 갈 남   **柯** 나무이름 가, 줄기 가
一 한 일, 어느 일   **夢** 꿈 몽, 꿈꿀 몽

약한 자는 강한 자에게 지배된다

  강한 자가 약한 자를 희생시켜서 번성하거나 또는 약한 자는 강한 자에게 먹이가 된다는 말로 생존경쟁의 살벌함을 뜻하기도 한다.

  약육강식은 오직 힘의 논리로만 지배되는 경우에 사용되는 말로 동물의 사회나 옛날 전투 등에서 통용되고 정의와 이성 그리고 법과 상식이 통하는 사회에서는 적용할 수 없는 논리다.

  하지만 태초부터 지구가 존재하고 있는 동안 자연생태계 유지에 변함없이 적용되어 온 개념이기도 하다.

弱	肉	强	食
약	육	강	식

弱 약할 약, 어릴 약　　**肉** 살 육, 고기 육

强 강할 강, 힘쓸 강　　**食** 먹을 식, 먹이 식

평소에 위기가 있을 때를
대비하여 준비한다

어려울 때를 생각해서 미리 준비를 해두면 무슨 일이 생겨도 근심할 것이 없게 된다는 뜻으로 군사 등에서 많이 쓰는 말이다.

평소에 사고나 질병 등에 대비해서 심신을 연마하고 제반 준비를 했다면 큰 어려움을 느끼지 않고 무난하게 고난을 극복할 수도 있을 것이다.

비슷한 말로 '거안위사(居安危思)'라는 말이 있다. 편안하게 지낼 때 위태로운 일을 생각하여야 한다는 사자성어로 우리가 살아가는데 늘 마음에 지니고 지내야 할 말이다.

有	備	無	患
유	비	무	환

有 있을 유, 가질 유　　**備** 갖출 비, 갖추어질 비

無 없을 무, 아닐 무　　**患** 근심할 환, 재앙 환

반대하거나 저항하는 기질

'뼈가 기꾸로 솟아 있다'는 뜻으로 권세나 권위 또는 부정에 타협하지 않고 비판하거나 저항하려는 남다른 기풍과 성격을 갖고 있는 사람을 이르는 말이다.

우리 주변에는 국가나 사회에서 일어나는 일뿐만 아니라 개인 간의 사사로운 일까지 꼭 비판하거나 반대하고 저항하는 사람을 볼 수 있다.

물론 정당하게 자기 의견을 제시하는 일은 매우 바람직하고 민주사회에서 반드시 필요한 일이다. 하지만 무조건적 비판이나 반대 또는 저항은 자칫 건전한 사회 발전에 장애가 될 수도 있다.

反 骨
반   골

反 돌이킬 반, 뒤집을 반   骨 뼈 골, 뼈대 골

꼬이고 얽혀진 문제를
빠르고 시원하게 해결함

어지럽게 뒤얽힌 삼(麻) 가닥을 잘 드는 칼로 자른다는 뜻으로 복잡하게 얽힌 사연이나 비꼬인 문제들을 빠르고 깔끔하게 처리함을 비유해서 이르는 말이다.

원래 삼 밭을 보면 각각 자라는 여러 포기의 삼들이 넘어지기도 하고 이러저리 얽히어 복잡하고 답답하게 느껴진다. 이럴 때 잘 드는 낫이나 칼로 보기 좋게 잘라내면 얼마나 시원하겠는가.

답답하고 우울한 마음에 긍정적으로 시원한 의미를 갖게 해주는 사자성어이다

快	刀	亂	麻
쾌	도	난	마

快 쾌할 쾌, 빠를 쾌　　　　**刀** 칼 도, 거루 도

亂 어리저울 란, 어지럽힐 란(난)　**麻** 삼 마, 참깨 마

한 번에
두 가지 이익을 얻는다

'화살 한 대로 솔개 두 마리를 떨어뜨린다'는 말로 어떤 일을 할 때 한 번의 조치로 두 가지 수확을 얻음을 뜻한다.

고대 중국 수(隋)나라는 때 돌궐의 난(亂)을 평정하는 데 많은 기여를 한 '장손성(長孫成)'이라는 활 잘 쏘는 사람의 이야기에서 유래된 것으로 전해진다.

일석이조(一石二鳥)나 일거양득(一擧兩得)과도 일맥상통(一脈相通)하는 말이다. '세상 모든 일이 하는 일마다 이렇게만 된다면 얼마나 좋을까'하는 생각을 해 본다.

一	箭	雙	鵰
일	전	쌍	조

一 한 일, 하나로 할 일   箭 화살 전, 약이름 전

雙 쌍 쌍, 견줄 쌍   鵰 수리 조, 새길 조

원칙과 공정을 위해
아끼는 사람을 벌한다

중국 촉(蜀)나라 '제갈량'이 군령을 어겨 싸움에서 패한 그의 아끼는 부하 '마속'을 어쩔 수 없이 울면서 목을 베고 기강을 바로 세운데서 나온 말이다.

이는 사사로운 감정을 앞세우지 않고 큰 목적을 위하여는 자기가 아끼는 사람이라도 법을 엄정하게 적용하며 잘못한 일에는 누구나 공정하게 처벌함으로써 기강이 바로 세워짐을 비유하는 말로 쓰인다.

泣　斬　馬　謖
읍　　참　　마　　속

泣 울 읍, 눈물 읍　　　斬 벨 참, 끊어질 참

馬 말 마, 산가지 마　　　謖 일어날 속, 여밀 속

사람의 마음에 차 있는
넓고 크고 올바른 기운

'하늘과 땅 사이를 가득 채울 만큼 넓고도 큰 원기(元氣)' 또는 '도의에 뿌리를 두고 공명정대하여 조금도 부끄러울 바가 없는 도덕적 용기'를 뜻하는 말이다.

중국 고전 맹자(孟子) 공손추(公孫丑)편에, 맹자가 공손추에게 다음과 같이 말한 내용이 나온다. "기(氣)는 도의(道義)와 합쳐야지 만약 도의가 없으면 쓰러지고 마는 거야. 이 기(氣)가 사람에게 깃들어 행위가 도의와 부합됨으로써 부끄러울게 없으며 누구한테도 꿀리지 않는 도덕적 용기가 생기게 되는 바 이것이 바로 호연지기라 할 수 있겠지"라고 말 한데서 유래된 고사성어이다.

浩	然	之	氣
호	연	지	기

浩 클 호, 넓을 호　　然 그러할 연, 그럴 연
之 갈 지, 어조사 지　　氣 기운 기, 기질 기

무척 험난하고
위태롭다

'백척(百尺)이나 되는 높은 장대 위에 올라섰다'는 뜻으로 더할 수 없이 어렵고 위태로운 지경임을 이르는 말이다. 원래 '백척간두진일보(百尺竿頭進一步)'에서 떼어낸 말인데 불가(佛家)에서 주로 사용되고 있다.

"백척이나 되는 장대 끝에 서있는 것과 같이 수행과 깨달음이 정점에 이르러 물러날 수도 더 올라갈 수도 없는 경지가 되었으나 그래도 더욱 정진(精進)을 해서 한 걸음 더 나가야 소위 삼진(三眞)을 얻을 수 있다"는 뜻에서 온 말이다.

百	尺	竿	頭
백	척	간	두

百 일백 백, 힘쓸 백　　**尺** 자 척, 길이 척

竿 낚싯대 간, 장대 간　　**頭** 머리 두, 꼭대기 두

머뭇거리며 망설이기만 하고 결단력이 없음

어떤 결단을 내려야할 때 망설이기만 하고 확실한 결단을 내리지 못함을 뜻하는 말이다.

결단을 내려야 할 시기에 고민만하고 분명하게 결정하는 일을 습관적으로 미루거나 다른 사람의 명령이나 의견에 따르는 수동적 태도를 보이는 사람을 흔히 볼 수 있다.

살아가면서 수없이 접촉되는 문제들에 대하여 신속하고 명쾌하게 분별해서 결단하는 일은 평소에 되도록 많은 지식과 정보를 습득하고 분별하는 생활 자세가 뒷받침 되도록하는 노력이 있어야 할 것이다.

優 柔 不 斷
우   유   부   단

優 넉넉할 우, 구차할 우   柔 부드러울 유, 복종할 유
不 아닐 부, 아니할 불   斷 끊을 단, 끊어질 단

두 손이 묶였듯이
어찌할 방책이 없음

'속수'는 '손이 묶였다는 말'이고 '무책'은 아무런 대책이 없다는 말이다. 즉 '손이 묶인 사람'처럼 어찌할 바를 모르고 꼼짝 못함을 나타내는 말이다.

그러니까 두 눈으로 뻔히 쳐다보면서도 어찌할 도리가 없어서 발만 동동 구르는 처지를 비유하는 사자성어이다.

어떠한 문제가 발생했는데 이를 해결할 대책이 막연해 안타까워하는 마음의 표현임에는 틀림없다고 본다.

束	手	無	策
속	수	무	책

束 묶을 속, 맬 속　　　　手 손 수, 쥘 수

無 없을 무, 아닐 무　　　策 채찍 책, 꾀 책

불행이 바뀌어 오히려 행복으로 됨

재앙이 바뀌어 오히려 복이 된다는 뜻으로 좋지 않은 일이라도 노력하면 행복한 일로 바꿀 수 있는 계기가 됨을 이르는 말이다.

세상을 살다보면 각종 재앙이 따르는 때가 있기 마련이다. 그렇다고 포기하고 주저앉기 보다는 처해진 상황에서 최선을 다하여 좋지 않은 일에서 벗어나려고 노력해야 한다. 그러다보면 당초보다 더 나은 방향으로 일이 잘 풀릴 수도 있으니 실망하거나 용기를 잃지 말아야 할 것이다.

轉	禍	爲	福
전	화	위	복

轉 바꿀 전, 구를 전　　禍 재앙 화, 재난 화

爲 할 위, 만들 위　　福 복 복, 복내릴 복

까마귀 날자
배 떨어진다

조선 인조(仁祖)때 학자 '홍만종'이 엮은 '순오지'에 나오는 말이다. 법령이 높은 지지대사가 자신이 쏜 화살로 피흘리며 도망간 산돼지를 찾는 사냥꾼에게 다음과 같이 말 한데서 유래되었다고 전해진다.

"까마귀 날자 배가 떨어져 뱀의 머리에 맞아 뱀이 죽었다. 뱀은 환생하여 돼지가 되었고 까마귀는 환생하여 꿩이 되었는데 돼지가 땅을 뒤지다가 돌이 굴러 그 돌에 꿩이 맞아 죽었다. 그 꿩이 사냥꾼으로 다시 태어나 돼지를 쏘려고 하니 지금 돼지를 죽이면 더 큰 악연으로 이어질 것이다."

烏	飛	梨	落
오	비	이	락

烏 까마귀 오, 검을 오   飛 날 비, 날릴 비

梨 배 이, 배나무 리(이)   落 떨어질 락, 낙엽 락

장황한 설명은 빼고
문제의 핵심만 말하다

'머리와 꼬리를 잘라버린다'는 말로 앞뒤의 군더더기가 되는 말은 생략하고 요점만 전한다는 뜻의 사자성어이다.

이 말은 조금도 축내거나 버릴 것 없이 요점만 취한다는 점에서 '단도직입(單刀直入)'과 상통된다고 볼 수 있을 것이다.

단도직입은 혼자서 칼을 들고 곧 바로 적진으로 들어간다는 뜻으로 글을 쓰거나 말을 할 때 겉치레 인사나 군말 같은 허사를 빼고 본 내용으로 들어간다는 말이다.

去	頭	截	尾
거	두	절	미

去 버릴 거, 갈 거   **頭** 머리 두, 꼭대기 두

截 자를 절, 끊을 절   **尾** 꼬리 미, 끝 미

상과 벌을
공정하고 엄격하게 함

상과 벌을 공정하고 엄중하게 하는 일. 즉 공(功)이 있는 자에게는 반드시 상을 주고 죄(罪)가 있는 사람에게는 반드시 벌을 준다는 뜻의 사자성어이다.

잘하면 칭찬하고 잘못하면 꾸중하는 것은 어려서부터 있어 오는 인지상정(人之常情)으로 사회의 원활한 유지와 발전을 위해 꼭 필요한 일이다.

하지만 경우에 따라 상과 벌의 분별과 집행을 엄격하고 공정하게 하지 않아 사회의 혼란과 국가 기강 확립의 차질로 인한 각종 분쟁의 역사가 있었음을 우리는 종종 볼 수 있다.

信	賞	必	罰
신	상	필	벌

信 믿을 신, 믿음 신   **賞** 칭찬할 상, 상줄 상

必 반드시 필, 오로지 필   **罰** 벌줄 벌, 벌 벌

작은 것을 탐내다가
큰 것을 잃는다

　작은 이익에 정신이 팔려 그것을 얻으려다가 오히려 큰 것을 잃게 되는 어리석음을 비유하는 고사성어이다.

　인간의 욕심은 끝이 없어 눈앞의 이익에 눈이 멀어 큰 손해를 당하게 되고 패가망신까지 하는 지경에 이르기도 하는데 이렇게 작은 것에 욕심을 내다 도리어 더 큰 것을 잃게 됨을 의미하는 말이다.

小	貪	大	失
소	탐	대	실

小 작을 소, 소인 소	**貪** 탐할 탐, 욕심 탐
大 큰 대, 거칠 대	**失** 잃을 실, 허물 실

말을 타고 달리며
산천을 구경한다

　말을 타고 달리면서 산천을 구경한다는 뜻으로 바쁘고 어수선하여 사물을 자세하고 찬찬하게 보지 않아 속내용은 알아 볼 수 없이 겉만 스쳐 지나며 마치 '수박 겉핥기' 식으로 하는 일처리를 일러 비유하는 말이다.

　이 말은 '달리는 말에서 꽃을 본다'는 뜻에서 인용되었는데 본래의 뜻과 달리 후대로 내려오면서 세심하게 살펴 볼 틈도 없이 대충 훑어보고 지나친다는 약간 부정적인 의미로 바뀌었다.

走 馬 看 山
주　　마　　간　　산

走 달릴 주, 달아날 주　　馬 말 마, 아지랑이 마

看 볼 간, 뵐 간　　　　　山 뫼 산, 능 산

한 번 던진 그물로
물고기를 모두 잡음

어떤 무리를 단 한 번의 그물질로 모조리 잡는다는
뜻으로 일시에 적을 모두 제거할 때 쓰는 말이다.

특히 사회적 범죄 단체를 소탕하는데 많이 사용하며
"조직 폭력배를 일망타진했다"거나 "마약 밀수조직을
일망타진했다"는 식으로 불의와의 대결에서 정의가
승리함을 강조하는데 비유되기도 한다.

一	網	打	盡
일	망	타	진

一 한 일, 하나로할 일   網 그물 망, 그물질할 망
打 칠 타, 타 타   盡 다할 진, 모두 진

해야 할 일에 함께하지 않고
바라만 본다

옛날 옷에는 주머니가 거의 없었으므로 옷소매가 주머니의 역할을 대신 했다. 아무런 생각 없이 가만히 있을 때나 날씨가 추울 때에는 습관적으로 소매 속에 양손을 넣기도 하였다.

이 말은 '소매에 두 손을 넣고 있다'와 '곁에서 바라보기만 한다'가 합쳐진 사자성어로 가까운 곳에서 큰일이 일어났으나 해결하기 위한 아무런 노력이나 협조하지 않고 '그냥 팔짱을 끼고 관심 없이 바라본다'는 뜻이다.

袖	手	傍	觀
수	수	방	관

袖 옷소매 수, 소매에 넣을 수　**手** 손 수, 쥘 수

傍 곁 방, 말 수 없을 방　**觀** 볼 관, 생각 관

안 해도 될
쓸데없는 걱정

 '기나라 사람의 근심'이라는 말로 안 해도 될 근심이나 쓸데없는 걱정을 이르는 고사성어이다.

 중국 춘추시대 주(周)나라 '무왕(武王)'이 망한 하(夏)나라 왕실의 제사를 받들라고 하나라 왕족에게 분봉해준 현재 중국 하남성 기현 땅에 기(杞)나라가 있었다. 그 기나라에 늘 이것저것 걱정을 많이 하는 사람에 대한 얘기에서 유래됐다.

杞 憂
기   우

杞 구기자 기, 나라이름 기   **憂** 근심할 우, 근심 우

짙은 안개로 방향을 알 수 없듯이 어떻게 해야 할지 모른다

오리(五里)에 걸친 짙은 안개 속에 있어 방향을 찾지 못하는 것처럼 어떤 일에 대하여 어떻게 해야 할지 해결할 갈피를 잡지 못하는 모습을 가리키는 고사성어이다.

어떤 일에 대하여 확실한 발생 경위나 원인 또는 앞으로 전개될 일의 방향 등을 알 수 없이 갑갑하고 아무런 단서나 소식도 없을 때를 비유해서 사용하는 말이라고 알면 될 것이다.

五 里 霧 中
오   리   무   중

五 다섯 오, 다섯 번 오   **里** 마을 리, 헤아릴 리

霧 안개 무, 안개자욱할 무   **中** 가운데 중, 마음 중

이럴지 저럴지
갈피를 못 잡는다

'오른 쪽으로 갔다, 왼 쪽으로 갔다'하며 어떤 일의 나아갈 방향을 종잡지 못하고 어찌 할 바를 모르는 모양을 나타내는 말이다. 우리가 흔히 쓰는 '갈팡질팡'과 비슷한 뜻을 가진 사자성어이다.

사람이 일상 생활을 하는데 발생하는 문제의 대부분은 '선택의 문제'다. 선택을 어떻게 하느냐에 따른 결과는 일의 성패를 좌우하는 중요한 역할을 하게 된다. 따라서 선택을 할 때는 그 문제에 대한 충분한 검토와 주변 여건 등을 감안해서 분명하고 확실하면서도 신속한 결정이 이루어져야 할 것이다.

右 往 左 往

우 왕 좌 왕

右 오른 우, 우편 우   往 갈 왕, 옛 왕

左 왼편 좌, 왼쪽 좌

무슨 일이든 제 생각대로
혼자 처리하는 사람

한문 글자 그대로 풀이하면 '혼자서는 장군 노릇을 할 수 없다'는 뜻이다.

장수가 되려면 주위에 거느리는 졸병도 있고 충성하는 심복 부하도 있어야 된다. 따르는 부하나 거느리는 군졸도 없이는 혼자서 장군이 될 수 없으니 다른 사람과 어울리면서 살아가야 한다는 교훈적 의미를 갖고 있는 말이다.

혼자 일을 처리하거나 홀로 버티며 고집을 부리는 사람, 또는 여러 사람의 지지를 받지 못하고 혼자 따돌림을 받는 외톨이를 뜻하는 말로 바꾸어 쓰기도 한다.

獨	不	將	軍
독	불	장	군

獨 홀로 독, 외로울 독   **不** 아닐 불, 아닌가 부

將 장수 장, 거느릴 장   **軍** 군사 군, 진칠 군

엉뚱한 사람이 힘들이지 않고 이익을 얻다

두 사람이 다투는 틈을 타서 엉뚱한 제 삼자가 애쓰지 않고도 이득을 가로채는 것을 비유하는 고사성어이다.

강변에서 조개가 입을 벌리고 햇볕을 쬐고 있는데 도요새가 날아와 조갯살을 쪼았다. 이에 놀란 조개는 입을 닫아 도요새의 부리를 물고 놓아주지 않고 있었다. 이를 본 지나가던 어부가 손쉽게 조개와 도요새를 한꺼번에 잡어 버린 것을 비유한 말이다.

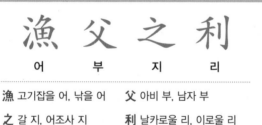

漁 父 之 利
어 부 지 리

漁 고기잡을 어, 낚을 어　父 아비 부, 남자 부
之 갈 지, 어조사 지　利 날카로울 리, 이로울 리

경솔하고
조심성 없는 행동

경솔하고 망령되게 행동한다는 뜻으로 도리(道理)나
사정을 생각하지 않고 가볍게 행동함을 말한다.

중국 법가(法家)사상을 집대성한 '한비자(韓非子)'에 나
오는 '경거(輕擧)'라는 말과 '전국책(戰國策)'에 나오는 '망
동(妄動)'이라는 말이 합쳐진 사자성어다.

일의 앞뒤를 생각하지 않고 경솔하게 행동하는 사람
에게는 신뢰가 가지 않아 어떤 일이든 믿고 맡길 수가
없다. 급하다고 이 말처럼 서두르는 것 보다는 침착하
게 정해진 순서를 따라 차근차근 추진하는 습관을 기
르는 것은 실수나 낭패를 사전에 막는 일이 될 것이다.

輕 擧 妄 動
경   거   망   동

輕 가벼울 경, 가벼이여길 경   擧 들 거, 일으킬 거
妄 망령 망, 허망할 망   動 움직일 동, 동물 동

생각하다 못해
매우 궁한 나머지 억지로 짜낸 계책

생각히다 못해 겨우 짜낸 계책으로 매우 궁한 나머지 가까스로 내놓은 방책을 말하는 고사성어이다.

계책(計策)은 가능한 자신의 회생됨이 없이 상대를 굴복시키는 것이 가장 상책이라 할 수 있다. 그러나 제반 여건이 좋지 못해 자신을 희생시켜가며 계책을 마련할 수 밖에 없는 경우를 표현한다. '고육지책(苦肉之策)'과도 비슷한 의미로 쓰인다.

窮 餘 之 策

궁 여 지 책

窮 다할 궁, 궁할 궁　　餘 남을 여, 나머지 여

之 갈 지, 어조사 지　　策 계책 책, 꾀 책

달면 삼키고
쓰면 뱉는다

달면 삼키고 쓰면 뱉는다는 뜻으로 사리(事理)의 옳고 그름에 관계없이 자기의 비위에 맞으면 좋아하고 맞지 않으면 싫어한다는 뜻의 고사성어이다.

신의를 돌보지 않고 자기의 이익만 꾀하거나 자신의 기분이나 이해관계에 따라서 일의 옳고 그름을 판단하는 것을 비유하는 말이다.

사람은 누구나 이익을 탐한다. 이득(利得)이 있는 곳에 붙고 해(害)가 되는 곳은 외면하는 것이 세상의 이치임을 잘 표현한 말로써 우리가 흔히 쓰는 '간에 붙었다 쓸개에 붙었다'는 말과 일맥상통하기도 한다.

甘	吞	苦	吐
감	탄	고	토

甘 달 감, 맛날 감　　　**吞** 삼킬 탄, 감출 탄

苦 쓸 고, 괴로워할 고　　**吐** 토할 토, 게울 토

매듭을 묶은 사람이
풀어라

자기가 어떤 일을 저질렀으면 곧 자기 자신이 그 일을 해결해야 한다는 의미의 사자성어이다.

조선 숙종(肅宗)때의 학자 '홍만종'이 지은 '순오지(旬五志)'에 '결자해지기시자당임기종(結者解之其始者當任其終)'이라는 말이 있다. 즉 '묶은 자가 그것을 풀고 그 일을 시작한자가 마땅히 끝가지 책임지고 마무리를 하여야 한다'는 뜻이다. 일을 시작하거나 저질러 놓고 막상 일을 하다 힘이 들거나 다른 사정을 핑계로 그만두거나 집어치운 후 뒷일은 다른 사람에게 떠미는 책임감 없는 사람에게 쓰는 말이다.

結	者	解	之
결	자	해	지

結 맺을 결, 매듭 결   **者** 놈 자, 사람 자

解 풀 해, 가를 해   **之** 갈 지, 어조사 지

잘못을 알면
반드시 고쳐야 한다

사람은 누구나 살면서 많은 허물과 시행착오가 있기 마련이다. 또 허물이 있기 때문에 그 허물을 고치고 바로 잡아 더 좋은 앞날을 기약할 수 있는 것이다.

천자문(千字文)에는 지과필개득능막망(知過必改得能莫忘)으로 나오는데 '허물을 알았으면 반드시 고쳐야하고 깨달아 할 수 있는 능력을 얻었으면 잊지 말아야 한다'고 풀이 된다.

또한 이 말은 논어(論語) 학이편(學而篇)에 나오는 '허물이 있다면 고치기를 꺼려하지 마라(過則勿憚改)'는 말과도 같은 의미라고 볼 수 있을 것이다.

知	過	必	改
지	과	필	개

知 알 지, 주장할 지　　**過** 허물 과, 지날 과

必 반드시 필, 기필코 필　　**改** 고칠 개, 고쳐질 개

모르는 것을 묻는 것은
부끄러운 일이 아니다

　자기보다 못한 사람에게 묻는 것을 부끄럽게 여기지
않는다는 뜻의 고사성어인데 사실 자기보다 못하다는
기준 자체가 좀 애매하다. 차라리 신분의 차별을 두고
지내던 과거에 벼슬이나 기타 지위가 자기보다 아래
에 있는 사람에게 묻는 것을 결코 부끄럽지 않게 생각
한다는 말로 해석하는 것이 타당하지 않을까 생각해
본다.

　배우기를 좋아한다면 신분이나 지위에 구애받지 않
고 누구에게나 물어보는 것을 부끄럽게 여기지 말아
야 한다는 교훈적인 말이라 할 수 있을 것이다.

不 恥 下 問
불　　치　　하　　문

不 아니 불, 아닌가 부　　**恥** 부끄럼 치, 부끄러워할 치

下 아래 하, 낮을 하　　**問** 물을 문, 물음 문

136

남편하는 일에
아내도 따라한다

　남편 주장에 아내가 따르는 것이 부부화합의 도리라는 뜻으로 '천자문'에 나오는 말이다. 하지만 남편이 옳은 의견을 말할 때 아내가 그 뜻에 따라 화합을 이룬다는 뜻이지, 옳고 그름에 구분없이 무턱대고 남편이 주장하는 대로 따른다는 뜻은 물론 아니다.

　이 말은 상하나 선후의 개념을 앞에 두지 않고 부부가 똑같은 위치에서 서로가 존중과 이해로 화합을 이루는 것이라고 보아야 할 것이다.

夫　唱　婦　隨
부　　창　　부　　수

夫 지아비 부, 사내 부　　**唱** 부를 창, 노래 창

婦 지어미 부, 아내 부　　**隨** 따를 수, 따라서 수

까마귀 무리와 같이
무질서한 군중들

까마귀가 아무렇게나 모여 있는 것처럼 질서니 규율
도 없고 통제됨이 없는 수많은 군중들을 이르는 말이
다. 즉 일정한 기준이나 자격요건 없이 마구잡이로 긁
어모은 사람들이나 그렇게 훈련이나 통제를 받지 않
은 군대를 말한다.

烏	合	之	卒
오	합	지	졸

烏 까마귀 오, 검을 오   合 합할 합, 합칠 합

之 갈 지, 어조사 지   卒 하인 졸, 군사 졸

법령이나 규칙이
너무 자주 바뀐다

아침에 내린 명령을 저녁 때 고친다는 뜻이다. 법령이나 규칙이 일관성 없이 자주 바뀌어 믿을 수 없음을 비유해서 쓰는 말로 조변석개(朝變夕改)와 비슷하게 쓰인다. 중국 고전 '사기(史記)'에 나오는 고사성어이다.

朝 令 暮 改
조   령   모   개

朝 아침 조, 조정 조   **令** 하여금 령, 법 령

暮 저물 모, 늦을 모   **改** 고칠 개, 고쳐질 개

四部

지식의 함축

나날이 새롭게 발전함

날이 가고 달이 바뀔수록 새로운 것을 이루며 실력이 향상되고 있음을 가리키는 말이다.

처음부터 뛰어났던 것이 아니고 어쩌다 보니 눈에 뛰게 앞서고 있거나 고수의 반열에 오르는 경우가 있다.

이처럼 의도적으로 앞서려고 했거나 그냥 매일 조금씩 더 노력을 하다 보니 어느 순간 지난날과 확연히 달라졌음을 비유해서 쓰는 말이 '일취월장'이다.

日	就	月	將
일	취	월	장

日 해 일, 나날 일   就 이룰 취, 나갈 취

月 달 월, 다달이 월   將 장수 장, 나아갈 장

눈을 비비며
상대편을 다시 본다

　남의 학식이나 재주가 놀랄 만큼 부쩍 진보한 것을 이르는 말이다. 어떤 사람의 학문이나 재주가 평소에는 별로 다른 사람들의 눈에 띄지 않았다고 가정하자. 그러나 스승 또는 친구의 충고 등으로 특별한 자극을 받아 밤낮을 잊고 노력을 더해 학식이나 재주가 남들이 몰라볼 정도로 나아져 그에 대한 인식을 새롭게 하게 되었을 때 쓰는 말이 바로 '괄목상대'다.

刮	目	相	對
괄	목	상	대

刮 깎을 괄, 닦을 괄　　　**目** 눈 목, 눈동자 목

相 서로 상, 볼 상　　　　**對** 마주볼 대, 대답할 대

자신의 고통이나 피해를 감내하면서 꾸미는 계책

전투에서 적을 이기기 위해 자신의 온갖 괴로움을 무릅쓰고, 자기 몸을 희생해 가면서 꾸며내는 방책을 뜻한다. 삼국지의 적벽전투에서 '유비'의 노장 '황개'가 '조조'를 물리칠 때 사용한 방법이다.

어떤 일을 도모하거나, 원하는 바를 이루기 위해서는 자신의 몸이 상하는 고통과 같은 희생도 감내해야 할 만큼 노력과 각오가 필요할 때 쓰는 말이 바로 고육지책이다. 별다른 노력 없이 쉽게 얻어지는 것은 가치가 없다는 게 세상의 이치다.

苦 肉 之 策
고   육   지   책

苦 씀바귀 고, 쓸 고　　肉 살 육, 고기 육

之 갈 지, 어조사 지　　策 대쪽 책, 꾀 책

강자의 위협에 맞서기 위한
약자들의 전략

중국 전국시대 소진(蘇秦)이 주장했던 '합종'설과 장의(張儀)가 주장한 "연횡"설을 말한다. '합종'은 강한 '진'나라에 대항하기 위해 약한 6개 나라 '초·연·제·한·위·조'가 힘을 합하여 대응하자는 주장이다. 반면에 '연횡'은 약한 여섯 나라들이 강한 진나라와 서로 친선을 맺고 결탁하여야 한다는 내용이다.

합종의 종(從)은 남북을 뜻하고 연횡의 횡(衡)은 동서를 뜻하는데 요즘도 외교무대에서 활약하는 사람을 '종횡가'라고 부르게 된것은 여기서 연유되었다고 볼 수 있다.

合	從	連	衡
합	종	연	횡

合 합할 합, 합칠 합   **從** 세로 종, 쫓을 종

連 이을 연(련), 이어질 연(련)   **衡** 저울대 형, 가로 횡

목표에 도달하려면 방해가 되는 난관을 극복하여야 한다

중국 무협소설 '삼국지연의'에서 '조조'가 한 말로 전해지는 고사성어다. 길을 가다가 산을 만나면 산을 뚫어 길을 열고 강물을 만나면 다리를 놓아 길을 연결시킨다는 뜻이다.

목표 달성을 위하여 나갈 때는 예측 못했던 난관에 부딪치는 때가 있다. 그럴 때마다 계획했던 목적 달성을 위하여 전력을 다하겠다는 결심과 각오를 표현하는 말이다.

逢山開道 遇水架橋
봉 산 개 도 우 수 가 교

逢 만날 봉, 맞을 봉	**山** 메산, 능산
開 열 개, 열릴 개	**道** 길 도, 순할 도
遇 만날 우, 대접할 우	**水** 물 수, 강 수
架 시렁 가, 건너지를 가	**橋** 다리 교, 시렁 교

나무 위에서
물고기를 구하려 한다

산에 있는 나무 위에 올라가서 물고기를 얻으려 하듯 불가능한 일을 하려고 할 때 쓰는 말이다.

맹자(孟子) 양혜왕장구 상편(上篇)에 나오는 말인데 "나무에서 물고기를 구하는 것은 실패해도 탈이 없지만 폐하(陛下)처럼 무력으로 뜻을 이루려면 백성을 잃고 나라를 망치는 재난이 따를 것입니다. 고기를 잡으려면 바다로 가야 하듯이 천하를 통일하고 싶으면 천하의 대도(大道)를 가십시요"라고 한데서 유래되었다고 전해 온다.

緣	木	求	魚
연	목	구	어

緣 말미암을 연, 인연 연   **木** 나무 목, 목관 목

求 구할 구, 탐낼 구   **魚** 고기 어, 물고기 어

편안한 상황에서도
위기를 대비한다

　누구나 편안할 때는 미처 생각하지 못할 수 있으나 재난을 겪게 되면 한 번쯤 느끼게 하는 말이다.

　유비무환(有備無患)이라는 말이 있듯이 '어려운 일이 있을 때를 대비해서 평상시부터 준비하는 생활 태도가 필요했구나'하는 마음은 나이가 들어서야 더욱 절실하게 느껴지는 일이다.

居 安 危 思
거　　안　　위　　사

居 살 거, 살게할 거　　　　安 편안할 안, 편안히 할 안
危 위태할 위, 위태롭게 할 위　思 생각할 사, 생각 사

다른 사람과 친하게 지내더라도 각자의 주체성을 잃지 않는다

논어(論語)의 자로(子路)편에 나오는 말이다. 군자는 남들과 일을 함께 있어도 함에 행동이나 일처리가 사사롭거나 치우침이 없이 공평하고 정당하게 서로가 상이(相異)함을 인정하고 이해한다는 뜻이다.

즉 서로의 다른 생각도 존중하고 포용할 수 있지만 자신이 생각하는 것까지 똑같이 해야 할 필요는 없다는 의미로 자기 나름대로의 주관과 독립성은 지켜질 수 있다는 말이다.

和	而	不	同
화	이	부	동

和 온화할 화, 화목할 화   而 말 이을 이, 같을 이

不 아니 불, 아닌가 부   同 한 가지 동, 같이할 동

사냥이 끝나면 사냥개를 버리는 모진 인심

원래는 교토사주구팽(狡兔死走狗烹)으로 '사냥하는데 토끼가 죽으니 사냥하든 개는 소용없게 되어 삶아 먹힌다'는 뜻이다. 필요할 때는 쓰고 필요하지 않을 때는 야박하게 버리는 경우를 이르는 말이다.

兔	死	狗	烹
토	사	구	팽

兔 토끼 토 등   死 죽을 사, 죽일 사 등

狗 잡을 구, 잡힐 구 등   烹 삶을 팽, 삶아질 팽 등

살아남기 위해 경쟁한다

모든 생물이 한정된 자원으로 그 생존을 유지하기 위해서 서로 간에 벌이는 경쟁을 말한다.

원래는 '다윈'의 '종의 기원'에서 처음으로 과학적인 정립이 되었으나 여기에 대한 시작은 예전부터 있어 왔다고 한다.

생물이 존재를 계속하기 위해서는 그 서식 환경이나 자원이 한정되어 있으므로 서로 다투고 경쟁을 해서 이겨내야만 살아남고 자손을 남기어 대를 이어갈 수 있다는 말이 된다. 그렇기 때문에 생물이 계속 존재하기 위한 투쟁이라고 말하기도 한다.

生	存	競	爭
생	존	경	쟁

生 날 생, 살릴 생 등　　**存** 있을 존, 보존할 존 등

競 다툴 경, 나아갈 경 등　　**爭** 다툴 쟁, 다투게할 쟁 등

묻는 말에 당치도 않는 대답

질문자가 바라는 내용과 전혀 다른 뜻으로 대답하는 경우를 비교해서, 즉 동쪽을 묻는데 아주 다른 쪽인 서쪽을 대답함을 이르는 사자성어이다.

이와 반대로 핵심이 확실치 않은 애매한 질문을 받고도 문제의 본질을 정확히 파악해서 질문자가 알고자 하는 내용을 명확하게 대답하는 '우문현답(愚問賢答)'을 하는 사람들도 있기 마련이다.

東	問	西	答
동	문	서	답

東 동녘 동, 봄 동 등   **問** 물을 문, 물음 문 등

西 서녘서, 서쪽으로 향할 서   **答** 대답할 답, 갚을 답 등

창과 방패의
이율 배반을 뜻 함

한 상인이 시장에서 창과 방패를 팔면서 "내 창은 하도 날카로워 이 창으로 뚫리지 않는 방패는 이 세상에 없다. 내 방패 또한 하도 견고해서 이 방패로 막지 못하는 창은 없다"고 떠들어 댔다.

그것을 보고 있던 한 선비가 "그 창으로 그 방패를 찌르면 어떻게 되는가?"하고 물으니 대답이 궁해진 장사꾼은 머리만 긁적이며 답변을 못했는데 이와 같이 논리의 불일치를 지적하는 말이 바로 '모순'이다.

矛 盾
모   순

矛 창 모 (병기(**兵器**)의 한 가지)
盾 방패 순 (화살이나 창 을 막는 무기)

막다른데 이르러 어찌할 수 없게 된 경우

어떤 일이 막나른 상황에 처하여 실질적으로 결론은 하나가 되고 실행으로 옮길 수밖에 없는 상태를 비유해서 이르는 말이다.

원래는 불교에서 쓰는 '이사무애(理事無碍)'로 '이(理)'나 '사(事)'나 모두 걸림이 없는 경지를 이르는 말.

억불숭유(抑佛崇儒) 정책으로 불교를 탄압하던 조선 초, 승려들은 사찰을 존속시키고 불법(佛法)의 맥을 계승시키기 위하여 꿋꿋하게 버텨 나간다. 이 때 승려들을 '사판승(事判僧)'과 '이판승(理判僧)'으로 부른데서 '이판사판'의 뜻이 전이됐다고 한다.

理 判 事 判
이   판   사   판

理 다스릴 리, 이치 리　　**判** 가를 판, 판단할 판
事 일 사, 일삼을 사

154

관심도 갖지 않고
문제도 삼지 않는다

어떤 일이나 문제를 안중에 두지 않고 무시하거나 불문에 부친다는 뜻으로 쓰이는 말이다.

일상생활에서 의외로 많이 쓰이는 말인데, 이 말의 뒷면에는 조금은 개운해지거나 반대로 언짢아지는 심정의 기복이 뒤따르기도 한다.

度 外 視
도　　외　　시

度 법도 도, 정도 도　　　**外** 밖 외, 외댈 외

視 볼 시, 보일 시

스스로를 늘 경계하고 채찍질하게 하는 격언

늘 가까이 두고 스스로 경계하거나 반성의 자료로 삼는 명언이나 경구를 뜻하는 말을 이른다.

실제로 인생에 지표가 될 만한 좌우명을 가지면 어렵고 힘든 일이 있어도 잘 참아가며 이겨내는데 도움이 될 것이다.

座 右 銘
좌　우　명

座 자리 좌, 지위 좌　　右 오른쪽 우, 우편 우
銘 새길 명, 기록할 명

읽고 또 읽고
알때까지 읽어라

　종이가 없던 옛날에는 대나무를 쪼개 글자를 쓰고 끈으로 엮어서 책으로 사용했다. '공자'는 대나무 책 한 권도 수 없이 반복해 읽었다고 한다. 너무 여러 번 읽어서 대나무 쪽을 엮은 가죽 끈이 세 번씩이나 끊어 졌다는데서 비롯된 말이 '위편삼절'이다.

　한 권의 책을 여러 번 되풀이해서 읽음을 비유해서 이르는 말이다.

韋	編	三	絶
위	편	삼	절

韋 가죽 위, 에울 위　　　編 맬 편, 엮을 편

三 석 삼, 세 번 삼　　　絶 끊을 절, 끊어질 절

스스로 포기하고
자신을 버린다

　실망이나 불만 등 절망 상태에서 스스로 자기의 앞날과 형편을 버리고 돌보지 않는 것을 뜻한다.

　원래 맹자는 인(人)과 의(義)를 설명하기 위한 개념이었다고 하지만 현재에는 절망 또는 체념하여 자신을 돌보지 않고 '될 대로로 되라'는 식으로 자기 자신을 스스로 학대하는 것을 말한다.

　"하늘이 무너져도 솟아날 구멍이 있다"는 말도 있다. 어렵지만 어느 곳인가 비집고 솟아날 수 있는 구원의 손길이 있을 것이라는 일말의 희망이라도 놓치지 말아야 할 것이다.

自 暴 自 棄
자　　포　　자　　기

自 스스로 자, 몸 자　　　暴 사나울 포, 모질게 굴 포
棄 버릴 기, 잃을 기

얻는 것은 적은데
몸은 고단하다

먹는 것은 적은데 하는 일이 많다는 뜻으로 자기 몸은 돌보지 않고 바쁘게 일을 하지만 노력에 비해 얻어지는 결과는 보잘 것 없음을 이르는 말이다.

농사일을 하거나 기타 사업을 하는데 있어 괜스레 왔다갔다 바쁘기만 했지 끝에 가서 수확을 하거나 결산을 보면 얻어지는 것이 적어 "품값도 못했다"고 하는 사람을 흔히 보게 된다. 이러한 사람에게 제격으로 어울리는 말이 될 것이다.

食 少 事 煩
식　　소　　사　　번

食 먹을 식, 벌이 식　　少 적을 소, 젊을 소

事 일 사, 부릴 사　　煩 번거로울 번, 바쁠 번

어려운 조건을 극복하며 공부를 한다

반딧불과 쌓인 눈빛을 등불삼아 글을 읽을 정도로 어려운 여건을 극복하며 공부를 해서 얻어진 보람을 일컫는 고사성어이다.

반딧불이나 눈빛이 얼마나 희미하고 침침했기에 어려운 여건으로 비교했겠는가. '고진감래(苦盡甘來)'라는 말이 있듯이 그렇게 어렵고 힘든 과정을 거치고 얻는 보람이야말로 얼마나 자랑스럽고 떳떳하겠는가. 여기서 얻는 기쁨과 희열을 마땅히 형설지공이라 할 수 있을 것이다.

螢	雪	之	功
형	설	지	공

螢 개똥벌레 형, 반딧불이 형　　**雪** 눈 설, 눈올 설

之 갈 지, 이을 지, 어조사 지　　**功** 공 공, 보람 공

어떤 일이 거침없이
순조롭게 진행됨

강물의 물살이 빨라 한 번 흘러가기 시작하면 막힘 없이 천리밖에 다다른다는 뜻으로 어떤 일을 하는데 거침없이 잘 진행되거나 문장이나 글이 명쾌하게 이어져 감을 이른다.

"긴 강과 큰 물이 한 번 흘러 천리를 가는 것은 조금도 괴상하게 생각할 일이 아니다"라고 한 중국 송(宋)나라 진량(陳亮)의 말에서 유래되었다고 전해온다.

<table>
<tr><td>一</td><td>瀉</td><td>千</td><td>里</td></tr>
<tr><td>일</td><td>사</td><td>천</td><td>리</td></tr>
</table>

一 하나 일, 하나로 할 일   瀉 쏟을 사, 쏟아질 사

千 일천 천, 천번 천   里 마을 리, 헤아릴 리

머리는 용이고 꼬리는 뱀처럼 시작만 요란함

한문 글자 그대로 머리는 용이고 꼬리는 뱀이라는 뜻이다. 어떤 일을 할 때 처음에는 왕성하고 그럴듯하게 시작했다가 시간이 갈수록 시들해지거나 출발은 요란스러운데 끝에 가서는 보잘 것 없이 흐지부지 되는 것을 비유해서 하는 말이다.

중국 송(宋)나라 때 설두스님이 저술한 '벽암록(碧嚴錄)'에서 유래되었다고 전해온다.

龍 頭 蛇 尾
용　　두　　사　　미

龍 용 룡, 말 용　　　　頭 머리 두, 우두머리 두
蛇 뱀 사, 별 이름 사　　尾 꼬리 미, 끝 미

용을 그릴 때 마지막으로
눈동자에 점을 찍어 완성시킨다

용(龍)을 그릴 때 마지막으로 눈동자에 점을 찍어 그림을 완성시킨다는 뜻이다. 어떤 일을 할 때 마지막 가장 중요한 부분을 처리함으로써 비로소 일을 완성시킬 수 있음을 강조하여 나타내는 고사성어이다.

畫	龍	點	睛
화	룡	점	정

畫 그림 화, 가를 획   龍 용 룡, 말 룡

點 점 점, 점찍을 점   睛 눈알 정, 눈동자 정

도끼를 갈아
바늘을 만든다

작은 노력이라도 끈기 있게 계속해 나가면 언제인가는 반드시 큰일을 이룰 수 있다는 말이다. 우리가 흔히 쓰는 '낙숫물이 댓돌을 뚫는다'는 말과 비슷한 뜻을 가진 고사성어이다.

'마부작침(磨斧作針)'이라고도 하는데 커다란 도끼가 갈리고 갈려 작은 바늘이 되기까지는 얼마나 많은 노력과 땀을 흘려야 하는지 상상조차 어려운 일이다. 하지만 이로써 아무리 이루기 힘든 일이라도 끊임없는 노력과 끈기를 갖고 포기하지 않으면 결국 성공하고야 만다는 신념과 교훈을 주는 말이라고 하겠다.

磨	斧	爲	針
마	부	위	침

磨 갈 마, 닳을 마   斧 도끼 부, 찍을 부

爲 할 위, 만들 위   針 바늘 침, 바느질할 침

거침없이 적을 물리치며 진군하는 기세

　대나무를 쪼개는 기세로 전투를 하거나 운동 경기를 할 때 상대진영을 밀치고 쳐들어가는 당당한 기세를 이르는 말이다.

　원래 대나무는 처음 몇 마디만 칼을 대고 쪼개면 나머지 마디는 저절로 갈라지는 성질이 있다. 이처럼 어느 한 진영의 왕성한 사기로 일시에 힘을 내면 나머지는 막힐 데가 없다는 말로 비유해서 쓰는 고사성어다.

破 竹 之 勢
파　　죽　　지　　세

破 깨질 파, 깨뜨릴 파　　竹 대 죽, 대쪽 죽
之 갈 지, 이을 지　　勢 세력 세, 형세 세

구름은 가득한데
비는 오지 않는다

　하늘에 구름만 빽빽하고 비가 되어 내리지 못하는 상태를 의미하는 것으로 여건은 조성되었으나 일이 성사 되지 않아 답답함과 불만이 폭발할 것 같은 상황을 비유해서 나타내는 고사성어이다.

密 雲 不 雨
밀　운　불　우

密 빽빽할 밀, 가까울 밀　　雲 구름 운, 하늘 운

不 아니 불, 아니할 불　　雨 비 우, 비올 우

출세해서 이름을
세상에 널리 알리다

사회적으로 인정을 받고 출세하여 세상에 이름을 드날리게 되어 유명해지는 것을 이르는 말이다.

보통 우리가 말하는 출세는 사회에서 떳떳하면서도 흔하지 않은 자리를 차지하거나 경제적으로 보통사람들 보다 많은 재화를 얻어 소위 '남들이 부러워할 정도로 이름을 날리는 것' 등을 말한다.

立	身	揚	名
입	신	양	명

立 설 립(입), 세울 입   身 몸 신, 몸소 신

揚 날릴 양, 오를 양   名 이름 명, 이름날 명

유명한데는 그럴만한
이유가 있다

명성이나 명예가 헛되이 알려 지는 것이 아니라 그만한 까닭이 있다. 즉 '이름값 할 만해서 그러하다'는 뜻이다. 널리 알려진 명성이 실제로 입증되었을 때 쓰는 고사성어이다.

名	不	虛	傳
명	불	허	전

名 이름 명, 이름 날 명   **不** 아닐 불, 아닌가 부

虛 빌 허, 헛될 허   **傳** 전할 전, 전하여질 전

한 번 실패했다고
물러서지 않고 다시 도전한다

'한 번 패했다가 세력을 회복해서 다시 공격해 온다'
는 뜻으로 실패 후에 다시 일어나는 것을 비유해서 표
현하는 말이다.

'권토(捲土)'란 군대가 말을 달려 전진할 때 일으키는
흙먼지다. 멀리서 보면 마치 땅이 흙먼지로 인해 둥글
게 모아지면서 말이 달리는 것처럼 보이는 현상을 이
른다.

捲 土 重 來
권 토 중 래

捲 말 권, 힘쓸 권   **土** 흙 토, 땅 토

重 거듭 중, 무거울 중   **來** 올 래, 돌아올 래

동쪽에서 소리 내어
적을 교란시키고 서쪽으로 공격한다

'동쪽으로 공격할 듯이 소리 내고 실제로는 서쪽을 친다'는 뜻으로 적을 교묘하게 속여 공략하는 것을 비유해서 쓰는 말이다.

다시 말해서 이쪽을 공격하는 척 하면서 실제로는 저쪽을 치는 전술(戰術)을 나타내는 말로 중국 회남자(淮南子)의 병략훈(兵略訓)에서 유래되었다고 전해진다.

聲 東 擊 西
성 동 격 서

聲 소리 성, 소리칠 성　　東 동녘 동, 동녘으로 갈 동
擊 칠 격, 마주칠 격　　西 서녘 서, 서양 서

최선을 다하고 결과는 하늘에 맡긴다

'진인사'는 '사람으로써 할 수 있는 일을 다한다'는 말이다. '대천명'은 '하늘의 명(뜻)을 기다린다'는 것으로 이 두 말이 합쳐진 '진인사대천명'은 '사람이 할 수 있는 최선을 다하고 나머지는 하늘의 뜻에 따른다'는 말로 풀이된다.

盡人事待天命
진 인 사 대 천 명

盡 다할 진, 모두 진   **人** 사람 인, 사람마다 인

事 일 사, 섬길 사   **待** 기다릴 대, 대접할 대

天 하늘 천, 운명 천   **命** 목숨 명, 명할 명

여러 사람의
서로 다른 주장과 반박

갑이 자기 의견을 내세우며 말하면, 을이 그 말에 대하여 반박하는 모습을 말한다. 여러 사람이 모여 서로 다른 의견을 내세우면 그에 대해 반박하며 주장하는 모습이 강하게 느껴지는 현상을 뜻한다.

보통 토론이나 회의할 때 많이 볼 수 있으나 서로 반대만하지 말고 의견을 모아 더 좋은 결과를 도출해 내겠다는 생각에 더욱 큰 방점을 두어야 할 것이다.

甲	論	乙	駁
갑	론	을	박

甲 첫째 갑, 갑옷 갑 **論** 논할 론, 견해 론

乙 둘째 을, 굽을 을 **駁** 논박할 박, 칠 박

바르고 큰 길에는 거칠 것이 없다

글자 그대로 풀이하면 '큰 길에는 문이 없다'는 말이나 '사람으로서 마땅히 지켜야 할 큰 도리나 정도(正道)에는 거칠 것이 없다'는 뜻으로 누구나 그러한 길을 걸으면 숨기거나 움츠러질 필요없이 떳떳하다는 의미로 보는 게 적절할 것이다.

한편으로는 종교(불교)적 측면에서 큰 깨달음이나 진리에 이르는 데는 정해진 길이나 일정한 방식이 없다고 해석하기도 한다.

大	道	無	門
대	도	무	문

大 클 대, 크게여길 대   **道** 길 도, 인도할 도

無 없을 무, 아닐 무   **門** 문 문, 집 문

한 번 힘들여서
두 가지 이득을 얻다

'한 개의 돌을 던져 두 마리의 새를 잡는다'는 뜻이
다. 고사성어로 '일거양득(一擧兩得)'과 같은 뜻을 가진다.

적은 노력으로 큰 성과를 거두는 경우를 일컫는 말
가운데 대표적인 표현이라고 볼 수 있다.

한편 일거양득(一擧兩得)이란 말도 '한 가지 일을 하여
두 가지 이익을 얻는다'는 뜻인 바 '누구나 어떤 일을
할 때 급하게 서두르지 않고 차분하게 심사숙고해서
하다보면 한 번의 일로 두 가지 행운을 얻게 되는 기
회가 올 수 도 있다'는 교훈적인 의미를 지니는 한자성
어라는 것도 알 수 있다.

一	石	二	鳥
일	석	이	조

一 한 일, 첫째 일   石 돌 석, 굳을 석
二 두 이, 두 번 이   鳥 새 조, 땅이름 작

공부만 하며 세상 물정에는
어두운 사람

얼굴이 하얀 선비, 즉 방에서 글만 읽어 현실적인 세상물정에 어둡고 사회적 경험이 없는 사람을 비유해서 이르는 말이다.

중국 송서(宋書) 심경지전(沈慶之傳)에 나오는 말인데 여기서의 백면서생은 야전을 누비며 햇볕에 그을린 검은 얼굴의 무관(武官)과 대비되는, 방안에서 책만 읽어 얼굴이 창백하고 실전경험이 없는 문신(文臣)들을 비꼬아 한 말이다.

白	面	書	生
백	면	서	생

白 흰 백, 흰빛 백   面 얼굴 면, 낯 면

書 글 서, 책 서   生 날 생, 목숨 생

사물의 이치를 깊이 연구해 지식을 완전하게 한다

　사물에 대하여 깊이 연구하여(격물) 후천적인 지식을 명확하고 완전하게 넓히는 것(치지)으로 격물과 치지는 중국 고전인 '예기(禮記)' 대학(大學)편에 나오는 팔조목(八條目) 중 두 조목이다. 이 말의 본래 뜻이 밝혀지지 않아 후세에 그 해석에 따라 여러 학파로 갈라진다.

　일례로 주자(朱子)는 격(格)을 '이른다'로 해석하여 '모든 사물의 이치를 끝까지 파고 들어가면 앎에 이른다'는(치지) 성즉리설(性卽理說)을, 왕양명(王陽明)은 '사람의 마음을 어둡게 하는 물욕(物慾)인 격(格)을 물리친다'는 뜻의 심즉리설(心卽理說)로 갈리고 있다.

格	物	致	知
격	물	치	지

格 이를 격, 궁구할 격　　**物** 만물 물, 무리 물

致 이를 치, 다할 치　　**知** 앎 지, 알 지

스스로 힘써 몸과 마음을 가다듬으며 쉬지 않고 노력한다

스스로 힘쓰고 쉬지 않고 노력한다는 뜻으로 자신의 목표를 향해 끊임없이 노력하는 것을 의미하는 고사성어이다. 중국의 고전인 역경(易經) 건괘(乾卦) 상전(象傳)에 나오는 다음 구절에서 유래된 말이다.

"하늘의 운행이 굳건하니 군자가 이것을 응용하여 스스로 힘쓰고 쉬지 않는다.(天行建, 君子以自强不息)"

自	强	不	息
자	강	불	식

自 스스로 자, 몸 자   **强** 힘쓸 강, 강할 강

不 아니 불, 아닌가 부   **息** 쉴 식, 그칠 식

어려운 상황에서도 남을 탓하거나 원망하지 않는다

고난이나 역경(逆境)을 만나더라도 하늘을 원망하거나 다른 사람 탓을 하지 않고 제 분수를 지켜 자기 발전과 향상을 위해 노력한다는 뜻이다.

원래 "군자(君子)는 하늘을 원망하지도 남을 탓하지도 않는다"는 말로 군자(학식과 덕행이 높은 사람)에 한해서 쓰던 말이다. 그 의미가 차츰 확대되어 '잘못된 일을 남의 탓으로 돌리지 않는다'는 뜻으로 바뀌고 있다.

不怨天不尤人

불   원   천   불   우   인

不 아닐 불, 아닐 부   怨 원망할 원

天 하늘 천, 임금 천   尤 더욱 우, 탓할 우

人 사람 인, 사람마다 인

사리에 맞지 않고
도무지 말이 되지 않음

'말이 말로 이루어지지 않는다'는 뜻의 사자성어이다.

우리는 보통 '말도 안 되는 소리'를 하며 자기 자신의 잘못을 변명하거나 억지 주장을 할 때 어불성설이라는 말을 사용한다. 그러니까 입에서 나오니 말은 말인데 앞 뒤가 맞지 않고 사리(事理)가 분명하지 못한데도 억지로 떼를 쓰며 자기 고집만 내세울 때 "도대체 말도 안된다." "말이 전혀 이치에 맞지 않는다"고 한다. 이 말들을 한자로 표현하면 바로 어불성설(語不成說)이라고 할 수 있을 것이다.

語	不	成	說
어	불	성	설

語 말씀 어, 말할 어   **不** 아닐 불, 아니할 부

成 이룰 성, 이루어질 성   **說** 말씀 설, 말할 설

어떤 계기로 인해 생각과 자세를 새롭게 고치고 바꾼다

심기(心機)는 마음의 기틀이라는 뜻으로 어떤 일에 대해 마음이 반응하여 작용하는 것, 마음먹는 것, 어떤 일을 하려고 생각하고 계획하는 것 등을 의미한다. 일전(一轉)은 '한번 구른다'는 말로 본래 가지고 있던 마음의 기틀이 한번 바뀐다는 뜻이다.

다시 말해서 심기일전은 본래 유지하고 있던 생각이나 자세를 어떤 일의 계기로 인해 바꾸는 것을 일컫는 말이다.

心　機　一　轉
심　기　일　전

心 마음 심, 가슴 심　　機 기틀 기, 실마리 기

一 하나 일, 첫째 일　　轉 바꿀 전, 구를 전

젊었을 때 시간을 아끼고 노력해야 성공할 수 있다

'소년이 늙기는 참으로 쉬우나 배움을 성취하기는 어렵다'는 말로 젊어서의 시간은 빨리 지나가니 늙어서 후회하지 말고 젊었을 때 꿈을 이루도록 노력하라는 뜻이다.

중국 남송(南宋)때 대유학자인 주자(朱子)의 권학문(勸學文)에 나오는 시(詩)에서 유래된 말이다.

少年易老學難成
소 년 이 로 학 난 성

少 젊을 소	年 해 년	易 쉬울 이
老 늙을 로	學 배울 학	難 어려울 난
成 이룰 성		

글쓰기 구성의
네 가지 단계

시문(詩文)을 짓는데 첫머리를 기(起), 이를 이어서 되받는 것을 승(承), 중간에 뜻을 한번 바꾸는 것을 전(轉), 전체를 거두어서 매듭 짓는 것을 결(結)이라고 하는 바 동양의 전통적인 시작법(詩作法)의 한 단계라고 볼 수 있다.

다시 말해서 기구(起句)에서 시상(詩想)을 일으키고 승구(承句)에서 그것을 이어받아 발전시키며 전구(轉句)에서는 장면과 시상을 새롭게 전환시키고 결구(結句)는 전체를 묶어서 여운(餘韻)과 여정(餘情)이 깃들도록 끝맺음하는 것을 말한다.

起	承	轉	結
기	승	전	결

起 일어날 기, 일어설 기	承 이을 승, 받들 승
轉 구를 전, 굴릴 전	結 맺을 결, 맺힐 결

서당에서 기르는
개가 풍월을 읊는다

서당(書堂)에서 기르는 개가 풍월을 읊는다는 말로 그 분야에 경험과 지식이 없는 사람이라도 오래있으면 얼마간의 지식을 갖게 됨을 이르는 사자성어이다.

정확하게 말하면 '당구삼년폐풍월(堂狗三年吠風月)'이 되지만 보통 줄여서 '당구풍월'이라고 쓴다.

어떤 일이든 오래 접하게 되면 자신도 모르는 사이에 그 일에 익숙해질 수 있다는 뜻이다. 또한 비전문가도 전문가와 함께 오래 생활하다보면 전문가에 버금가게 된다는 뜻이기도 하다.

堂	狗	風	月
당	구	풍	월

堂 집 당, 당당할 당	狗 개 구, 강아지 구
風 바람 풍, 경치 풍	月 달 월, 세월 월

붓, 먹, 종이, 벼루로
옛날 글방의 필수품

문인(文人)들이 시재에서 쓰는 붓(필, 筆) 먹(묵, 墨) 종이
(지, 紙) 벼루(연, 硯)의 네 가지 용구를 비유해서 일컫는 사
자성어로 문방사보(文房四寶)라고도 한다.

중국에서는 옛날부터 서재(書齋)를 문방(文房)이라 하
고 수업(修業)의 장으로 존중해왔는데 점차 문방이 그곳
에서 쓰이는 도구를 가리키게 되었다.

요즘으로 말하면 학문이나 예술 등을 즐기는 사람들
이 각종 서책이나 필기구 등을 가까이 하는 것과 같은
의미를 갖는다고 볼 수 있을 것이다.

文	房	四	友
문	방	사	우

文 글월 문, 문채 문	**房** 집 방, 곁방 방
四 넉 사, 네 번 사	**友** 벗 우, 벗할 우

어떤 일을 성취하기가 매우 어려움

공격하기가 어려워 좀처럼 함락되지 않는다는 뜻을 가진 고사성어로 일을 성취하기가 매우 어려움을 일컫는 말이다. 한편으로는 요새(要塞)나 철옹성(鐵甕城) 등을 지칭하는 의미로도 쓰인다.

중국 삼국지에서 제갈량(諸葛亮)은 출사표를 낸 후 10만의 병력을 이끌고 위(魏)나라 장수인 학소(郝昭)가 겨우 3천명의 병력으로 지키고 있는 진창성을 여러 차례 공격하였으나 쉽사리 함락되지 않았다. 그러자 제갈량이 감탄하며 난공불락이라고 말한데서 유래되었다고 전해온다.

難	攻	不	落
난	공	불	락

難 어려울 난, 근심 난   　**攻** 칠 공, 다스릴 공

不 아닐 불, 아닌가 부   　**落** 떨어질 락, 떨어뜨릴 락

五部

경험의 통찰

은혜의 고마움을 잊지 않고 갚으려 한다

중국 춘추시대 진(晉)나라에 '위무사'라는 사람이 병이 들자 아들에게 자신이 죽으면 애첩을 다른 데로 개가(改嫁)시키라고 유언했다. 그런데 막상 병세가 악화되니 말을 바꿔 자신이 죽으면 애첩을 순장(산채로 함께 묻는 것)하라고 다시 유언을 했다고 한다. 얼마 후 위무자가 죽자 아들은 당초 유언대로 서모(아버지의 첩)를 개가 하도록 하여 죽음을 면하도록 해주었다.

그 후에 전쟁터에서 위기에 빠진 위무자의 아들을 서모의 죽은 아버지 망령이 구해줬다는 이야기에서 유래된 고사성어다.

結	草	報	恩
결	초	보	은

結 맺을 결, 맺힐 결   **草** 풀 초, 풀벨 초

報 갚을 보, 알릴 보   **恩** 은혜 은, 사랑할 은

공을 이루었으면
몸은 물러 날줄 알아야 한다

  노자(老子)의 '도덕경(道德經)'에서 겸양의 도리를 강조하는 말이다. 적당할 때 물러나야 하는 게 세상의 이치다. 모두가 지나쳐 극에 달하게 되면 오히려 그 반대의 역작용이 뒤따르게 됨을 잊지 말아야 한다.

  언제나 변함없이 달이 차면 기울고 썰물이 끝나면 밀물이 들어오듯이 우리의 일상생활에도 변화의 이치가 뒤따름을 항상 염두에 두고 살아야 할 것이다.

功	遂	身	退
공	수	신	퇴

功 공 공, 보람 공　　　**遂** 이룰 수, 드디어 수

身 몸 신, 몸소 신　　　**退** 물러날 퇴, 물리칠 퇴

몸에 좋은 약은
입에 쓰다

병을 잘 낫게 하는 효험이 좋은 약은 먹으려면 입에 쓰다는 뜻이다. 아래 사람의 충심을 담은 직언, 동료나 친구 간에 진심 어린 충고 등은 당장 듣기에는 귀에 거슬릴 수 있다. 그러나 그 말을 잘 받아들여 행동하면 이롭다는 의미로 쓰인다.

본래는 '충언역이 양약고구(忠言逆耳 良藥苦口)'였는데 나눠진 말이다.

良	藥	苦	口
양	약	고	구

良 어질 양(량), 좋을 량(양)　　**藥** 약 약, 약초 약

苦 씀바귀 고, 쓸 고　　**口** 입 구, 인구 구

인재를 얻기 위해
인내와 정성을 다해 노력함

중국 삼국시대 때 유비는 제갈량이라는 인재를 얻기 위해 그의 초가집으로 세 번이나 찾아갔다. 그리고 마침내 제갈량을 맞이해 군사(軍師)로 삼았다는 말에서 생긴 고사성어다.

훌륭한 인재를 얻기 위해서는 정성과 예의를 갖추고 참을성 있게 노력하여야 한다는 뜻이다.

'인사(人事)가 만사(萬事)'라는 말도 있다. 훌륭한 사람이나 좋은 친구는 만나기가 어렵고 또 많은 공을 들여야 얻을 수 있는 일이다.

三	顧	草	廬
삼	고	초	려

三 석 삼, 세 번 삼   顧 돌아볼 고, 돌아갈 고
草 풀 초, 거칠 초   廬 오두막집 려, 농막 려

가난하고 어려운 시절을
고생하면서 살아온 아내

중국 한나라 때 임금 광무제에게는 젊어서 남편을 잃고 혼자된 누이가 있어 늘 가엽게 생각하고 있었다. 그런데 어느 날 누이가 '송홍'이라는 대신을 마음에 두고 있다는 것을 알게 됐다. 광무제는 송홍의 마음을 떠보기로 하고, 그를 불러 "흔히 지위가 높아지면 아내를 버린다고 하는데 그대 생각은 어떤가?"라고 물었다. 이에 송홍이 "빈천지교 불가망(貧賤之交 不可忘) 조강지처 불하당(糟糠之妻 不下堂)"(술지게미와 쌀겨로 끼니를 이어가듯 함께 고생한 본처는 어떤 일이 있어도 버려서는 안 된다)이라고 말한 것에서 전해지는 고사성어다.

糟 糠 之 妻
조 강 지 처

糟 지게미 조, 찌꺼기 조   糠 겨 강, 번쇄할 강
之 갈 지, 어조사 지   妻 아내 처, 시집보낼 처

자신의 욕심을 억제하고 예의와 법도를 따르는 마음으로 돌아감

자기의 사사로운 욕망을 다 극복하고 분수와 예의범절에 맞도록 몸과 마음을 다 잡는다는 뜻으로 쓰이는 말이다.

시경(詩經)에 "쥐도 가죽이 있어 자기 몸을 가리는데 사람이 예의가 없어서 되겠는가. 사람이 예의가 없으면 금수나 한가지인데 어떻게 사람이라고 할 수 있나"라고 하였다. 예의가 없는 사회는 자기욕심만 채우려는 무례한 사람들이 판을 치는 세상이 되어 많은 사람들이 늘 불안하여 살 수가 없을 것이다.

克 己 復 禮
극   기   복   례

克 능할 극, 이길 극   己 몸 기, 다스릴 기

復 다시 부, 돌아갈 복   禮 예 례, 예우할 례

씨가 될 큰 과실은
먹지 않고 남겨둔다

주역(周易: 剝卦)에 나오는 말이다. 자기만의 욕심을 버리고 자손에게도 복을 끼쳐준다는 말로 풀이되기도 한다.

어떤 일이 있어도 하늘은 전부 다 없애지 않고 씨는 남겨둔다는 이치다. 씨를 남겨두어 멸종되지 않게 함으로써 하늘이 무너져도 솟아날 구멍을 찾을 수 있도록 하는 것이다.

碩	果	不	食
석	과	불	식

碩 클 석(大), 충실할 석　　果 실과 과, 과연 과

不 아니 불, 아닌가 부　　食 먹을 식, 먹일 사

하늘에 순종하고 백성의 뜻에 따른다

주역(周易: 革卦)에 나오는 말로 하늘의 이치에 따르고 백성들이 원하는 바에 응한다는 뜻이다.

고대 중국 은(殷) 나라의 주(紂)왕이 포악한 정치로 백성들의 원성이 높자 탕(湯)나라의 무(武)왕이 은나라를 멸하고 도탄에 빠진 백성을 구한 탕무혁명(湯武革命)을 비유한 말이다.

즉 탕임금과 무왕의 혁명은 하늘의 때를 따랐으며 민심의 소리에 상응하였다는 것이다.

順乎天 應乎人

순 호 천   응 호 인

順 순할 순, 좇을 순, 차례 순	乎 그런가 호, 어조사 호
天 하늘 천, 임금 천	應 응당 응, 응할 응
人 사람 인(인간, 백성)	

술을 권하며
병권을 내놓게 한다

이 말은 승리한 자가 그의 친인척이나 공신들을 토사구팽(兔死狗烹)하지 않고 관용을 베풀어 반감을 갖지 않게 한데서 나온 고사성어이다.

필요할 때 불러서 함께 고생을 했으면 일이 끝난 뒤에도 끝까지 잘 보살펴 줄 수 있는 아량과 무한한 욕심의 절제로 공수신퇴(功遂身退)하는 겸양의 자세가 아쉬운 요즘 세상에 간직해야 할 말이다.

杯酒釋兵權
배　　주　　석　　병　　권

杯 잔 배, 대접 배　　　**酒** 술 주, 잔치 주

釋 풀 석, 풀릴 석　　　**兵** 군사 병, 병장기 병

權 저울추 권, 꾀할 권

잘못된 원인을
자신에게서 찾는다

어떤 일이 잘못 되었을 때 남의 탓을 하지 말고 그 잘못된 원인을 자기 자신에게서 찾아 고쳐나간다는 뜻이다.

"행하여도 얻지 못한 것이 있거든 자기 자신에게서 그 잘못의 원인을 구할 것이니 자신이 바르면 천하가 돌아올 것이다." '맹자' 이루(離婁)편에 나오는 말이다.

反	求	諸	己
반	구	저	기

反 돌이킬 반, 뒤집을 반　　求 구할 구, 탐낼 구
諸 모두 제, 어조사 저　　己 몸 기, 다스릴 기

약자가 강자에게
겁 없이 덤벼든다

사마귀가 앞발을 들고 수레바퀴를 멈추게 한다는 말로 자기분수도 모르고 강한 적에게 반항한다는 뜻으로 사용되는 고사성어이다.

중국고전 장자(莊子)에 나오는 말이다. 춘추시대 제(齊)나라 장공(莊公)이 수레를 타고 가는데 수레 앞에 사마귀 한마리가 앞발을 치켜세우고 수레바퀴를 향해 버티고 서있는 것을 봤다. 장공은 그 모습을 보고 "이 작은 벌레가 분수도 모르고 용감하기만 하여 수레를 막으려 하는 용맹성이 높다"고 평가하며 수레를 비켜 지나갔다고 한다.

螳	螂	拒	轍
당	랑	거	철

螳 당랑 당, 사마귀 당   **螂** 사마귀 랑, 당랑 랑
拒 막을 거, 방어 거   **轍** 바퀴자국 철

198

누구나 고향을
잊지 않고 살아간다

　중국의 은(殷)나라 말기에 그 유명한 '강태공'이라는 사람이 있었다. 그가 주(周)나라 건국에 공을 인정받아 무왕으로부터 제(齊) 땅의 제후(諸侯)에 봉해지니 제 나라는 이때부터 주나라의 제후국(諸侯國)이 되었다고 한다.

　그 후 강태공은 제 나라를 강대국으로 키운 후 자신의 목숨이 얼마 남지 않았음을 깨닫게 되자 자신이 떠나온 주나라로 돌아갔다. 그런데 사람들은 이 사실을 인(仁)이라 여기고 예기(禮記)에 기록한데서 유래된 말로 전해온다.

首	丘	初	心
수	구	초	심

首 머리 수, 첫머리 수　　**丘** 언덕 구, 산 구

初 처음 초, 근본 초　　**心** 마음 심, 근본 심

여러 사람의 말은
일일이 대꾸하기가 어렵다

여러 사람이 마구 떠들어 대는 말은 감당하기가 어려우니 많은 사람이 모일 때는 언행을 조심하여야 한다는 뜻으로 일일이 막아내기 어렵게 사방에서 마구 지껄여 댐을 이르는 말이다.

한편 중국 주(周)나라 때부터 전해오는 "백성의 입을 막는 것이 흐르는 냇물을 막는 것 보다 어렵다"는 말이 바로 '중구난방'이라는 말의 기원이 되었다고도 전해진다.

衆 口 難 防
중   구   난   방

衆 무리 중, 많을 중　　□ 입 구, 아가리 구

難 어려울 난, 어려워할 난　防 둑 방, 막을 방

지나침은
미치지 못하는 것과 같다

'논어' 선진(先進)편에 나오는 말로 정도를 지나침은 미치지 못한 것과 같다는 말. 지나치거나 모자라지 않고 어느 한쪽으로 치우치지 않는 중도의 상태가 중요하다는 의미다.

공자는 "도(道)는 중용으로써 지극함을 삼으니 어질고 지혜로운 사람의 지나침이 비록 어리석고 불초한 사람의 미치지 못하는 것보다 나은 것 같으나 실제로는 그 중심을 잃는 것으로는 같은 것"이라고 했다.

즉 그 지나침을 억제하고 그 미치지 못함을 이끌어 중도에 맞게 하여야 할 것이라는 뜻으로 해석된다.

過	猶	不	及
과	유	불	급

過 지날칠 과, 지날 과 **猶** 오히려 유, 같을 유
不 아닐 불, 아니할 불 **及** 미칠 급, 더불어 급

깨졌던 거울이
다시 합쳐지다

이별했던 부부가 다시 합치는 것을 일컫는다. '파경'은 거울이 깨어져 가서 그 구실을 못하게 된다는 뜻이고 '중원'이란 깨어진 거울이 다시 둥글게 되었음을 의미한다.

남녀가 결혼 이후 살아가면서 점점 사랑이 식고, 또 서로 간에 뜻이 맞지 않거나 기타 사유 등으로 이별하는 경우를 우리 주변에서 종종 볼 수 있다.

당초부터 헤어지지 말았어야 했지만 뒤늦게라도 후회하고 다시 합치게 된다면 그 앞날은 지난 날보다 훨씬 더 행복한 날들이 될 것이다.

破 鏡 重 圓
파 경 중 원

破 깨질 파, 깨뜨릴 파   鏡 거울 경, 비출 경
重 무거울 주, 거듭할 중   圓 둥글 원, 동그라미 원

속세를 떠난
이상향

　'복숭아 꽃피는 아름답고 따뜻한 곳'으로 속세를 떠난 이상향 즉 별천지를 뜻한다.

　도연명이 쓴 글 중 도화원기(桃花源記)에서 나온 말로 후세 사람들은 이 이야기를 빌려 인간세상과 동떨어진 가공의 이상적인 세계를 동경했는데 여기에서 도원락토(桃源樂土)가 유래되었다. 이 도원락토를 도원경 또는 무릉도원(武陵桃源)이라고도 한다고 전해진다.

桃　源　境
도　　원　　경

桃 복숭아나무 도　　　**源** 근원 원, 수원 원

境 지경 경, 마칠 경

어릴 때 사귄
오래된 친구

어렸을 때 대나무로 만든 말을 타면서 같이 놀던 친구라는 뜻으로 소꿉놀이를 하며 친하게 지내던 오래된 친구를 이르는 말로 죽마지우(竹馬之友)라고도 한다.

'어려서 친구'가 '참된 친구'라는 말이 있듯이 어른이 되고 사회생활을 하면서 사귀는 친구는 대부분 업무적으로 연관이 있거나 이해타산에 의하여 맺어지는 관계로 때가 지나고 여건이 바뀌면 잊혀 지거나 친밀함이 멀어지게 된다. 하지만 어려서부터 철모르던 시절 사귄 소위 '죽마고우'는 잊혀 질 수 없다는데서 나온 말이다.

竹	馬	故	友
죽	마	고	우

竹 대 죽, 대쪽 죽　　　　馬 말 마, 산가지 마
故 일 고, 옛 벗 고　　　　友 벗 우, 우애있을 우

입술이 없어지면 이가 시리다

서로 떨어질 수 없는 밀접한 관계로 한쪽이 망하면 다른 한쪽도 온전하기가 어려움을 비유해서 나타내는 말이다.

중국 춘추시대 진(晉)나라 '헌공(獻公)'이 우(虞)나라에게서 재차 길을 빌려 괵(虢)나라를 치려고 했다. 이에 신하 '궁지기(宮之奇)'가 "속담에 광대뼈와 잇몸은 서로 의지하고 '입술이 없어지면 이가 시리다'고 했는데 바로 괵나라와 우나라 관계를 일러 말한 것 입니다"라고 간언한 데서 나온 말로 전해진다.

脣 亡 齒 寒
순　　망　　치　　한

脣 입술 순, 가장자리 순　　亡 망할 망, 잃을 망

齒 이 치, 나이 치　　寒 찰 한, 추위 한

기러기가 전하는 편지

　기러기 발에 묶어 먼 곳에 소식을 전하는 편지나 문서를 일컫는 말이다. 기러기 발에 달린 글귀나 편지 또는 어떤 소식을 말하는데 지금은 단순히 편지라는 뜻으로도 사용되고 있다.

　이 말은 한서(漢書)의 소무전(蘇武傳)에서 유래되는데, 한편으로는 '안족(雁足)'이라고도 한다고 전해지고 있다.

雁 書
안 　 서

雁 기러기 안　　　　**書** 글 서, 편지 서

성공해서 고향에
돌아온다

금의(錦衣)는 화려하게 수를 놓은 비단옷을 지칭하는데 옛날에 왕이나 고관들이 입던 옷으로 출세의 상징이었다. 반면에 평민들이 입던 옷은 흰색의 베옷으로 포의(布衣)라고 했다.

'비단옷을 입고 고향에 돌아간다'는 말은 '성공하여 고향을 찾는다'는 말이다. 중국 역사서인 사기(史記)에 나오는 항우본기(項羽本紀)에서 유래된 고사성어이다.

錦	衣	還	鄉
금	의	환	향

錦 비단 금, 비단옷 금　　衣 옷 의, 입을 의

還 돌아갈 환, 돌아볼 환　　鄕 고향 향, 마을 향

비단 위에 꽃을 더한 것처럼
좋은 일이 겹침

중국 북송(北宋)때 유명한 문필가인 '왕안석(王安石)'이 만년에 남경에서 은둔할 때 지은 시 즉사(卽事)에 나오는 구절 '여창잉첨금상화(麗唱仍添錦上花)'에서 유래한 것으로 전해진다.

금상첨화는 매우 좋은 뜻이고 아름답고 화려함을 연상 시킨다. 따라서 자신은 물론 내 주변의 모두에게 자주 일어났으면 하는 일이 바로 '금상첨화'와 같은 현상일 것이다.

이와 반대로 '나쁜 것에 나쁜 것'이 더해진다는 말은 는 '설상가상(雪上加霜)'이다.

錦	上	添	花
금	상	첨	화

錦 비단 금, 비단옷 금　　**上** 위 상, 오를 상

添 더할 첨, 안주 첨　　**花** 꽃 화, 꽃필 화

손바닥도 서로 맞부딪쳐야 소리가 난다

한 손으로는 손뼉을 쳐 소리를 낼 수 없다는 뜻으로 혼자서는 일을 이루기가 어렵고 맞서는 사람이 없으면 싸움이 되지 않음을 일컫는 한자성어이다.

손뼉이 울리기 위해서는 두 손바닥이 마주쳐야만 소리가 날 수 있다는 뜻으로 혼자서는 어떠한 일을 성사시킬 수 없음을 비유하거나 맞서는 사람이 없으면 싸움이 되지 않음을 강조할 때 쓰는 말이다.

'고장난명'은 '무슨 일이든 서로 힘을 합쳐야 쉽게 이룰 수 있다'는 긍정적이고 교훈적인 의미를 지니고 있다.

孤	掌	難	鳴
고	장	난	명

孤 외로울 고, 홀로 고   　掌 손바닥 장, 맡을 장
難 어려울 난, 근심할 난   鳴 울 명, 울릴 명

잘못을 반성하며
윗사람의 처분을 기다린다

'볏짚으로 만든 거적 위에 엎드려 자기의 잘못에 대한 처벌을 기다린다'는 뜻으로 처절한 반성을 통해 자기 자신을 뒤돌아보고 좀 더 나은 모습으로 변화시키겠다는 의지를 강렬하게 표현하는 자세를 일컫는 사자성어이다.

이와 같이 자기의 잘못을 스스로 책망하며 처벌을 기다릴 때 벌을 내릴 사람이 결단을 내리지 않으면 '비가 오든 눈이 오든 계속해서 며칠이라도 기다린다'는 데에서 속죄의 강도를 깊이 각인시키는 의미를 가진다고 보아야 할 것이다.

席	藁	待	罪
석	고	대	죄

席 자리 석, 깔 석　　　**藁** 볏짚 고, 거적 고

待 기다릴 대, 용서할 대　　**罪** 허물 죄, 죄줄 죄

자기에게만 이롭게 하려는
생각이나 행동

'자기 논에만 물대기'라는 뜻으로 다른 사람은 생각지 않고 자기에게만 이롭게 되도록 생각하거나 행동하는 것을 이르는 말이다.

즉 어떤 일을 하는데 자기만의 이익을 먼저 생각하고 행동하거나 또는 자기에게만 이롭도록 억지를 부리는 행동을 비유해서 표현한 사자성어이다.

我	田	引	水
아	전	인	수

我 나 아, 아집부릴 아　　　**田** 밭 전, 논 전

引 끌 인, 당길 인　　　**水** 물 수, 수성 수

도둑이 도리어
매를 든다

조선 인조(仁祖)때 학자인 '홍만종(洪萬宗)'의 문학평론 집인 '순오지(旬五志)'에는 '적반하장은 도리를 어긴 사람이 오히려 성을 내면서 선량한 사람을 업신여기는 것을 비유한 말'로 풀이 되어 있다.

이처럼 자기 자신의 잘못을 스스로 인정하고 뉘우치거나 미안해하기는 커녕 도리어 성을 내면서 잘한 사람을 나무라는 어처구니없는 경우에 기가 차다는 뜻으로 "적반하장도 유분수지 지금 누가 누구한테 큰 소리인가" 등으로 쓰고 있는 사자성어이다. '주객전도(主客顚倒)와 비슷한 뜻을 가지고 있다.

賊	反	荷	杖
적	반	하	장

賊 도둑 적, 그르칠 적   **反** 돌이킬 반, 도리어 반
荷 멜 하, 원망할 하   **杖** 지팡이 장, 몽둥이 장

서로가 입장을 바꿔
생각해 본다

　자기에게 처해진 입장이나 처지를 다른 사람과 바꾸어서 생각해본다는 뜻으로 상대방의 처지에서도 생각해보라는 말이다.

　중국 고전 '맹자(孟子)'의 이루편(離婁編)에 나오는 '역지즉개연(易地則皆然)'이라는 표현에서 비롯된 말로 다른 사람의 처지에서 다른 사람의 고통을 자기의 고통으로 생각해보며 어지러운 세상을 살아가는 삶의 태도를 깨우치도록 한 말로 오늘날에도 널리 사용되고 있다.

易	地	思	之
역	지	사	지

易 바꿀 역, 고칠 역　　地 땅 지, 지위 지

思 생각할 사, 생각 사　　之 갈 지, 어조사 지

문 앞을 시장처럼
많은 사람들이 몰려 든다

　권세가나 부자가 되어 대문 앞이 찾아오는 사람들로 인해 마치 시장 바닥을 연상할 만큼 북적대는 것을 비유한 말이다.

　옛날이나 지금이나 권력을 가진 사람 집에는 많은 사람이 모여 들며 권세자의 눈도장이라도 받으려 하는 경향은 변치 않는가 보다. 또 다른 한편으로 요즘에는 잘한다고 소문난 맛집 앞에도 사람들이 몰려 줄을 서는 등 글자 그대로 '문전성시'를 이루는 현상을 흔히 볼 수 있다.

門	前	成	市
문	전	성	시

門 문 문, 집 문　　　　**前** 앞 전, 앞설 전

成 이룰 성, 이루어질 성　**市** 저자 시, 장사 시

차마 눈 뜨고 보기 어려운 광경이나 참상

눈 뜨고 차마 볼 수 없을 정도로 딱하거나 참혹한 상황을 가리킬 때 하는 말이다. 한편으로는 하도 어이가 없고 기고만장으로 잘난 체하여 차마 눈뜨고 볼 수 없는 아니꼬운 모습을 비유해서 표현하기도 한다.

'목불인시(目不忍視)'라고도 하는데 중국 명(明)나라 '주국정(朱國禎)'의 필기인 "용당소품(涌幢小品)의 단대기(丹臺記)에서 데려가 지옥을 보게 하니 그 광경이 참혹하여 눈뜨고는 차마 볼 수 없어 서둘러 달아났다"는 데서 유래되었다고 전해진다.

目	不	忍	見
목	불	인	견

目 눈 목, 눈여겨볼 목   不 아니 불, 아닌가 부

忍 참을 인, 차마못할 인   見 볼 견, 보일 견

억지 주장을 하며 자기에게 유리하게 끌어다붙임

근거가 없고 사리에도 맞지 않는 말을 억지로 끌어다 붙여 조건이나 이치에 맞도록 꾸며 자기에게 유리하게 주장하는 것을 비유하는 사자성어이다.

본래 '견합부회(牽合附會)'라고 썼는데 중국 송(宋)나라의 역사가 '정초(鄭樵)'가 "동중서(董仲舒)라는 사람이 음양학으로 이설(異說)을 창도하여 '춘추(春秋)'에 억지로 끌어다 붙였다"고 음양설(陰陽說)을 비판하며 동중서의 주장보다 더 깊고 넓은 사유의 세계가 있음을 강조한데서 유래하였다고 전해진다.

牽	强	附	會
견	강	부	회

牽 끌 견, 이끌 견   **强** 강요할 강, 힘쓸 강

附 붙일 부, 불을 부   **會** 모을 회, 모일 회

흔히 있을 수 있는 일로
한두 번 실패에 낙심하지 말라

병가(兵家)에는 늘 있는 일이라는 뜻의 고사성어이다.

싸움에 있어서 승패도 중요하지만 그 싸움에 임하는 자세와 승패에 따르는 마음가짐 또한 중요하다는 뜻으로 쓰이는 말이다.

사람은 누구나 성공과 실패가 있을 수 있는 일이고 실패는 성공하기 위해 겪어야 하는 하나의 과정이라고 생각한다면 병가상사란 실패를 너무 두려워하지 말라는 의미가 담겨 있다고 보아야 할 것이다.

兵	家	常	事
병	가	상	사

兵 병사 병, 군사 병   **家** 집 가, 살 가

常 항상 상, 떳떳할 상   **事** 일 사, 일삼을 사

벼슬이나 직위가 없이
전쟁터로 나간다

조선시대 일반 평민들은 대개 흰옷을 입었기 때문에 백의(白衣)는 벼슬하지 않은 백성의 상징이 되었다.

백의종군은 직책에 맞는 옷이 없이 평민 또는 말단으로 전쟁터에 싸우러 가거나 그냥 아무런 직책없이 직급이 있는 사회에서 일하는 것을 의미한다. 또한 백의종군은 조선시대 무관직(武官職)의 징계 처분 중 하나로 진짜 흰옷(白衣)을 입는다는 뜻이 아니라 관직(官職)이 없는 상태의 신분을 가리키는 관용적 표현으로 현대의 보직해임과 비슷하다.

白	衣	從	軍
백	의	종	군

白 흰 빛 백, 흴 백   衣 옷 의, 입을 의
從 쫓을 종, 따를 종   軍 군사 군, 진칠 군

학문이나 인격 수양을 위해
최선을 다함

어느 날 당시의 세도가인 계손씨가 연회를 베풀며 학식있는 선비들을 초청했다. 공자는 학식이 높은 선비들과 사귀어 보겠다는 마음으로 연회하는 집으로 찾아갔다. 그러나 그 집 하인으로부터 쫓겨 나온 일이 있었다.

그 후로 공자는 그때의 수모를 잊지 않고 당시 선비들이 꼭 익혀야 하는 여섯 가지의 '예'(藝: 예절, 음식, 활쏘기, 차몰기, 글쓰기, 계산)를 공부하는데 온 심혈을 다했다. 그 같은 노력 자가 성인으로 추앙받게 된 밑거름이 된 것이라는 데서 나온 말이다.

切	磋	琢	磨
절	차	탁	마

切 끊을 절, 절박할 절   **磋** 갈 차, 슬플 차

琢 쪼을 탁, 옥다듬을 탁   **磨** 갈 마, 고생할 마

알 속과 밖에서 병아리와 어미닭이 동시에 알을 깬다

줄탁동기(啐啄同機)라고도 한다. 닭이 알을 품어 병아리를 까는데, 병아리가 알속에서 밖으로 나오려고 알을 쪼을 때 알을 품은 어미 닭이 그 소리를 듣고 밖에서 알을 쪼아주는 일이 동시에 행하여짐을 이르는 말이다.

어미닭이 병아리가 밖으로 나오게 알을 깨주기 까지는 하지 않고 병아리 스스로 알을 깨고 나올 수 있도록 약간의 동기를 부여하는 작은 도움만을 준다는 의미와 서로가 무르익어 감을 알고 안과 밖이 동시에 힘을 기울여 만들어 내는 성과로 풀이할 수 있다.

啐	啄	同	時
줄	탁	동	시

啐 지껄일 줄, 놀랄   啄 쪼을 탁(착), 문두드릴 탁
同 한가지 동, 같이할 동   時 때 시, 기약 시

남의 나쁜 점은 숨겨주고 좋은 점은 드러낸다

중국 고전 사서(四書)의 하나인 중용(中庸)에 나오는 말이다. "공자는 순 임금이 크게 지혜롭다고 했는데 그것은 순 임금이 묻기를 좋아하고 사소한 말이라도 잘 살펴서 은악양선(隱惡揚善)한다"고 한데서 전해졌다.

포용과 양해의 정신으로 자신의 행동을 성찰하도록 하여 과오를 범하지 않게 함은 물론 선행을 권면하는 내용을 담고 있다.

여기에서 '은악양선'은 자기 자신의 일보다 상대를 염두에 두고 말할 때 더욱 그 내품는 의미가 심오하다고 할 것이다.

隱	惡	揚	善
은	악	양	선

隱 숨을 은, 숨길 은   惡 미워할 오, 나쁠 악

揚 오를 양, 날릴 양   善 착할 선, 좋을 선

형제 자매와 같이 가까운
혈육끼리 싸운다

글자대로 풀어보면 뼈와 살이 서로 다툰다는 말이다. 그런데 뼈와 살은 한몸으로 이루어졌다. 곧 형제처럼 가까운 혈족끼리 서로 다투며 싸우는 것을 뜻한다.

골육상잔(骨肉相殘)과 비슷한 뜻으로 쓰이기도 한다.

骨 肉 相 爭
골   육   상   쟁

骨 뼈 골, 뼈대 골   肉 살 육, 고기 육

相 서로 상, 도울 상   爭 다툴 쟁, 다투게할 쟁

임시로 길을 빌려 쓰다가, 길 빌려준 상대를 쳐서 없앰

우(虞)나라의 길을 빌려 괵(虢)나라를 친다는 뜻으로 속셈을 감추고 적을 안심시킨 후에 기습하는 일종의 전술이라 할 수 있다.

괵나라와 우나라를 정복하려는 야심을 가졌던 진나라가 우나라에 길을 빌려달라는 핑계로 괵나라를 무너뜨린 뒤 결국에는 우나라까지 멸망시키는 군사 계획의 속내를 숨기는 구체적 수단을 표현한 고사성어이다.

假	道	滅	虢
가	도	멸	괵

假 잠시 가, 빌릴 가   **道** 길 도, 인도할 도

滅 멸망할 멸, 꺼질 멸   **虢** 손톱자국 괵, 나라이름 괵

군자는 쓰임이
정해져 있지 않다

　군자는 그릇(일정한 용도로 쓰이는 데가 한정된 기구)이 되어서
는 안 된다는 뜻으로 논어(論語) 위정(爲政)편에 나오는
말이다.

　실은 군자(君子)라는 말 자체가 조금은 어렵게 느껴지
는데 그냥 많은 노력과 수련을 통해서 학식과 덕행을
높게 이룬 사람 정도로 이해하면 될 것 같다.

　그러니까 군자는 쓰이는 데가 일정하지 않고 알맞게
두루두루 쓰이지 아니함이 없이 원만해야 한다는 뜻
으로 풀이된다.

君	子	不	器
군	자	불	기

君 임금 군, 스승 군　　　　**子** 아들 자, 남자 자

不 아니 불, 아니할 불　　　**器** 그릇 기, 그릇으로 쓸 기

은혜가 뼈에 사무쳐
잊혀 지지 않는다

남에게 입은 은혜를 뼈에 새겨 두고 잊지 않는다는 의미의 고사성어이다. '뼈에 새길(刻骨)' 정도로 '잊을 수 없다(難忘)'는 말은 '원한을 잊을 수 없다'는 뜻도 되겠지만 보통 은혜를 잊지 못한다고 강조 할 때 더 많이 쓰인다.

증오나 한(恨)을 잊지 못할 때 쓰는 '골수(骨髓)에 사무치다'와는 약간 달리 표현되는 것으로 보아야 할 것이다.

각골난망은 '죽어서라도 은혜를 갚는다'는 뜻의 결초보은(結草報恩)이나 '죽어서 백골이 되어도 그 은혜를 잊을 수 없다'는 뜻의 백골난망(白骨難忘)과 비슷한 의미다.

刻	骨	難	忘
각	골	난	망

刻 새길 각, 깍을 각   骨 뼈 골, 뼈대 골

難 어려울 난, 재앙 난   忘 잊을 망, 건망증 망

옛 것을 익혀
새 것을 안다

온고이지신(溫故而知新)이라고도 하는데 옛 것을 익히고 옛 것을 바탕으로 해서 새 것을 안다는 뜻이다.

옛 학문을 되풀이 연구하고 현실을 처리할 수 있는 새로운 학문을 이해하여야 비로소 참다운 지식으로 삼을 수 있다는 뜻으로 해석할 수 있다.

논어(論語) 위정(爲政) 편에 나오는 말로 '옛것을 복습하여 새것을 아는 사람이라면 남의 스승이 될 만하다'라고 공자님이 말씀하신데서 나온 고사성어이다.

溫	故	知	新
온	고	지	신

溫 따뜻할 온, 익힐 온　　**故** 일 고, 본디 고

知 알 지, 알릴 지　　**新** 새 신, 새롭게 할 신

● 색인